釣り専門誌も太鼓判の極上グルメ旅

首都圏日帰り 地魚食堂38選

世良 康＝文 芳澤ルミ子＝写真

人社

一食瞭然――「まえがき」、のようなもの

瀬戸内海の魚を食べて育った。

といっても、海辺で育ったわけではない。海から1里（約4㎞）ほど離れた小高い山の麓の小さな集落である。家の前は畑、その先に大きな山が立ちはだかっていて、屋根に上れば、山裾の端に瀬戸内の海がわずかに見えた。

その海を見たくて、幼年の頃は2階の窓から瓦づたいに屋根をよじ上り、てっぺんに馬乗りになって、はるか向こうの、一握りほどの光る海をボーッと眺めていたものだ。

週に1〜2回、その海の魚を積んで、行商人が自転車で村にやってきた。荷台に重箱のように積み上げた木箱には、色も姿形も大きさもさまざまな魚介が並べられ、それらの魚が夕膳に上った。

当然、私は魚好きに育ち、煮魚の残り汁をご飯にかけて食べるほどだった。

釣りを覚えたのは、30代の後半だった。

東京の日野市から湾岸地域へ引っ越したのであるが、そこは〝本土〟からは京浜運河で隔てられた、いわば陸の孤島。夏の夕暮れ、運河の砂浜を散歩していると、サンダルに釣りバリが引っ

掛かった。ハリをはずすと、仕掛けにはエサもオモリも付いていた。根掛かりで切れたのが、引き潮で取り残されたのだろう。

試しに、それを海に投げてイトの端っこを持っていると、ススーッとイトが走って、手元にビリビリと魚の引きが伝わった。あわてて手繰り寄せると、引きの強さの割には、意外に小さな、どんぐり目の褐色の魚が釣れてきた。ハゼである。

その夕暮れ、近くの釣り人にエサを分けてもらって真っ暗くなるまで、その拾った仕掛けの文字通り〝投げ釣り〟で20数尾釣った。これで釣りにハマったのである。


以来、川や海など各地を釣り巡るようになり、東京近郊での堤防の小もの釣りにも足しげく通った。その際、食事はできるだけ漁港や釣り場近くで食べるように心がけた。潮のにおいが染みついたような食堂で、頑固なオヤジや元気なおかみさんが作ってくれる魚料理の、シンプルで素朴、それでいて舌や胃袋が小躍りする旨さに正直驚いたものである。

同じアジやサバでも、都会の店や家庭で食べるのとは明らかに味が違う。

何故なのかと考えると、やはり一番は獲れたてということだろう。

目の前の海で朝獲れたものを、その日のうちに出す。毎日、毎日、入れ代わり立ち代わり、新鮮な魚が皿や丼に載るのである。マズイわけがない。

しかし、一概に獲れたてが旨いとばかりはいえない。いや魚によっては、時として、あるいはしばしば、熟成した魚の旨さは新鮮さを上回る。

店の主人は魚のことを知り尽くしているから、この魚は何日間か、熟成させたほうが味加減がよくなることを知っている。また、同じ魚でも獲れる場所や時季によって味に違いがあることも知っている。

魚には旬があり、旬には「走り」と「盛り」と「名残り」の3つがある。

「走り」とは初物のこと。カツオで言えば初ガツオ。「盛り」は文字通り旬の盛りで、最も脂が乗っている時季。そして「名残り」は旬の終わりかけで、奥深い風味が加わり、次の旬がめぐりくるまで名残りを惜しむような味わいとなり、〝名残りフグ〟などと呼ばれる。

時季を見極めて港へ通えば、こうした3つの旬を味わうことも可能だ。

日本人は魚を食べなくなったといわれて久しい。魚がマズくなったとか、趣向が変わったというが、私はそうは思はない。ただ、新しくて食べやすい食材が次々に登場して、食べるのが面倒くさい魚は敬遠されているか、忘れられているかだけである。魚はマズくなったのではなく、食べやすく加工された魚や売れ残った特売の魚を食べて、「マズイ」と勘違いしているだけである。

魚は昔通り、おいしいのである。

ゆきずりの小さな港町の「地魚あります」などの幟《のぼり》がはためく店の暖簾をくぐれば、〝一食瞭然〟である。魚って、こんなに旨いものだったのかと、いまさらながら納得するはずである。

この本では、そういう店の、そういう魚料理を集めたつもりである。

今回の取材ではカメラマンの芳澤ルミ子さんの奮闘ぶりに敬意を表したい。彼女は大の酒好きである。そして取材中は次から次へと絶好の酒のアテが登場するのだが、それらを前にしても彼女は一度たりとも喉を鳴らすことなく、「どうすれば読者にこのおいしさが伝わるか」だけに集中してシャッターを鳴らしつづけた。

なお本書出版に際しては、つり人社編集部の小野弘氏、月刊『つり人』に連載中の担当編集者だった佐藤俊輔氏に大変ご尽力いただいた。芳澤女史ともども、深く感謝申し上げます。

２０２０年、コロナ禍の師走のころ　著者しるす

首都圏日帰り
地魚食堂 目次

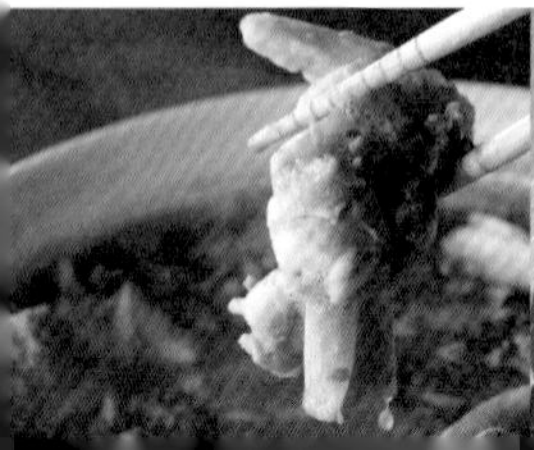

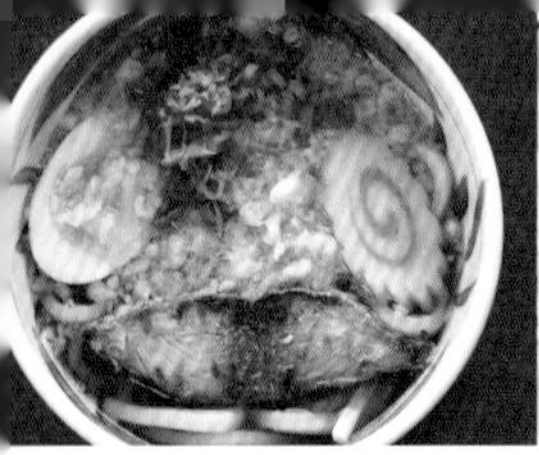

●お断り

本書は月刊『つり人』２０１７年３月号～２０２０年10月号／連載「地魚食堂」をまとめたものです。書籍化にあたり各情報の見直しを行ないましたが、その後変更されている可能性もあります。収載した各地の「地魚食堂」をお訪ねの際には、事前にご確認をお願いいたします。

装丁　神谷利男デザイン株式会社（神谷利男・坂本成志・發知明日香）
地図　北圃　青

首都圏日帰り地魚食堂38選MAP

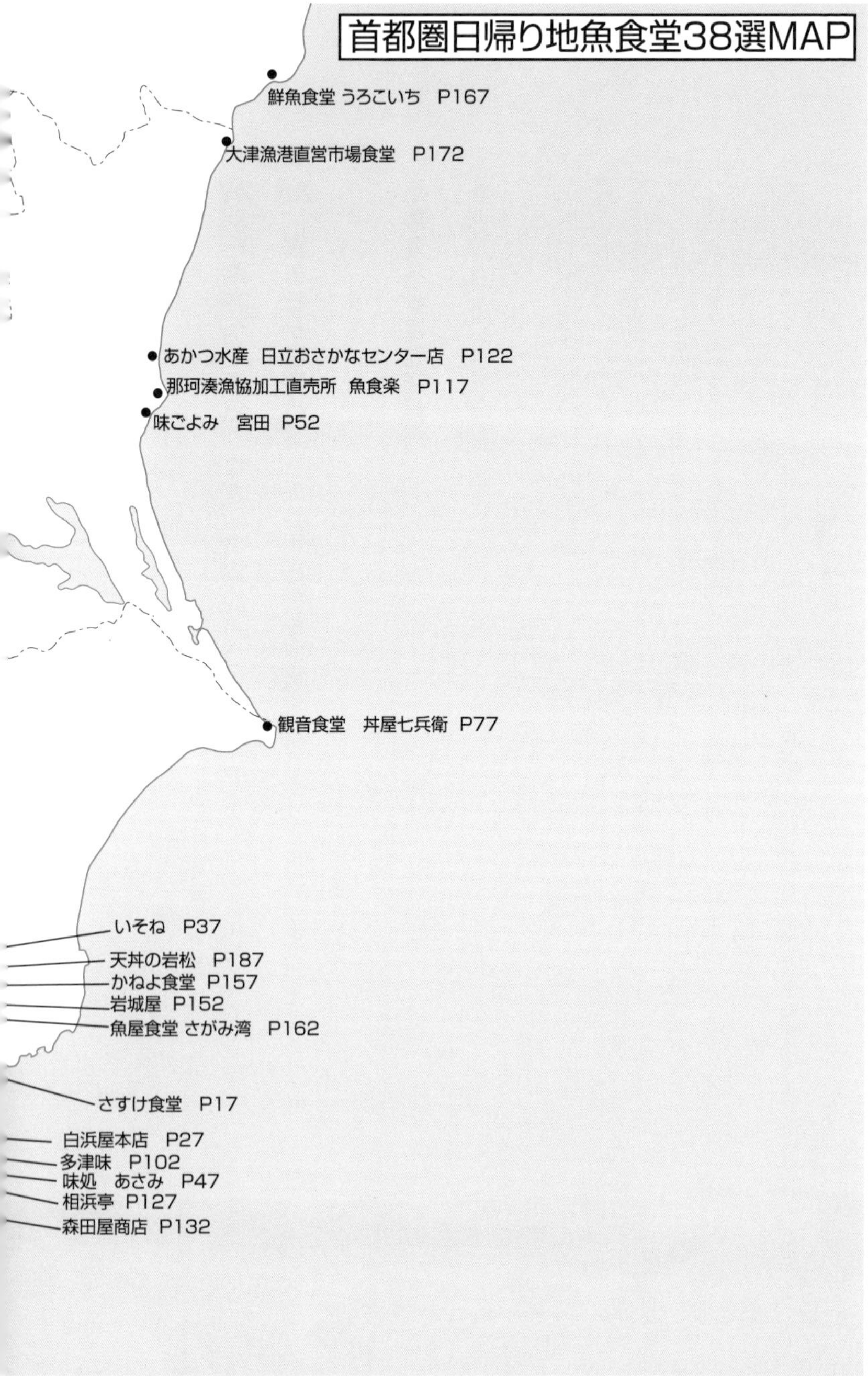
鮮魚食堂 うろこいち　P167
大津漁港直営市場食堂　P172
あかつ水産　日立おさかなセンター店　P122
那珂湊漁協加工直売所　魚食楽　P117
味ごよみ　宮田　P52
観音食堂　丼屋七兵衛　P77
いそね　P37
天丼の岩松　P187
かねよ食堂　P157
岩城屋　P152
魚屋食堂 さがみ湾　P162
さすけ食堂　P17
白浜屋本店　P27
多津味　P102
味処　あさみ　P47
相浜亭　P127
森田屋商店　P132

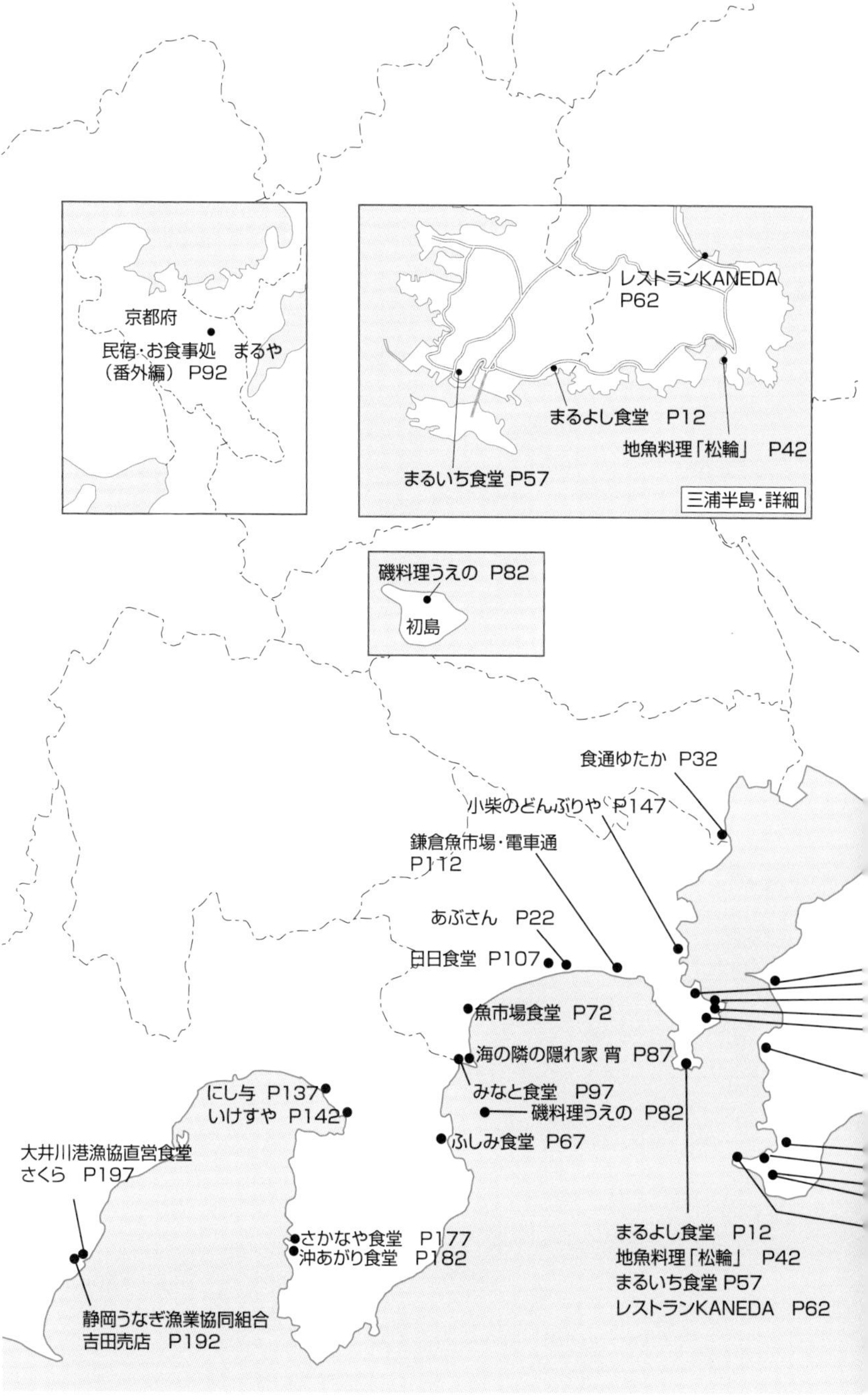
京都府
民宿・お食事処　まるや
（番外編） P92
レストランKANEDA
P62
まるよし食堂　P12
地魚料理「松輪」　P42
まるいち食堂 P57
三浦半島・詳細
磯料理うえの　P82
初島
食通ゆたか　P32
小柴のどんぶりや　P147
鎌倉魚市場・電車通
P112
あぶさん　P22
日日食堂　P107
魚市場食堂　P72
海の隣の隠れ家 宵　P87
みなと食堂　P97
磯料理うえの　P82
ふしみ食堂　P67
にし与　P137
いけすや　P142
大井川港漁協直営食堂
さくら　P197
さかなや食堂　P177
沖あがり食堂　P182
静岡うなぎ漁業協同組合
吉田売店　P192
まるよし食堂　P12
地魚料理「松輪」　P42
まるいち食堂 P57
レストランKANEDA　P62

首都圏日帰り
地魚食堂
01

まるよし食堂
【三浦半島・宮川港】
神奈川県

はばのり定食

**温かいご飯に
ハバノリをふりかけると
湯気とともに
芳醇な香りが立ち昇る**

はばのり定食＝1100円

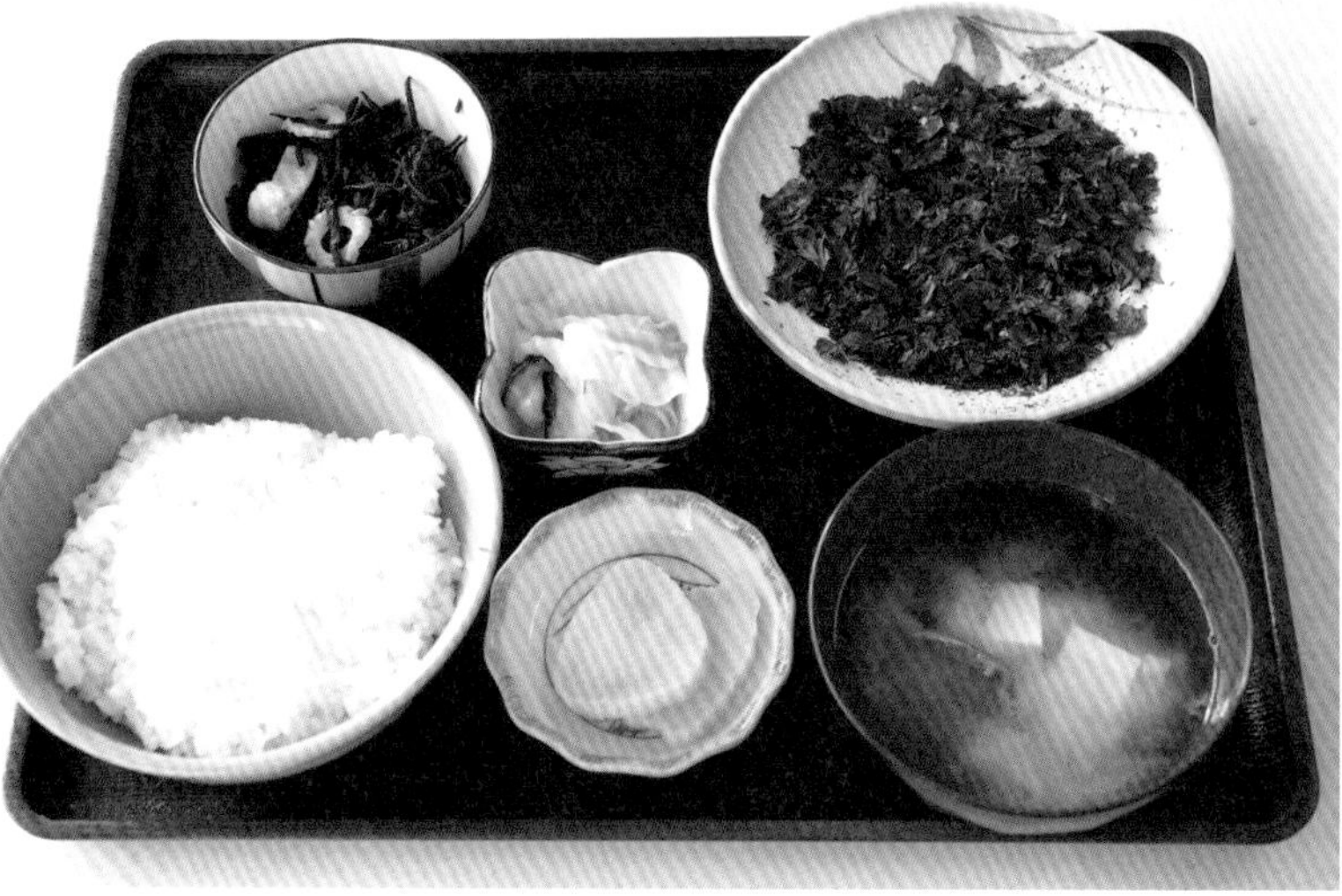

定食はハバノリのほか、ひじきの小鉢、ダイコンの漬け物、味噌汁が付く。素朴ながらどれも滋味深い

三浦半島の突端の高台から、細い急坂を下ると、箱庭のように小さな港に出る。マグロでおなじみの三崎の東側に位置する宮川漁港である。

午後のやわらかな日差しが細長い入江に降りそそぎ、小さな漁船が白い煙を吐きながら帰ってくる。「どうだ～？」と岸壁の漁師仲間が声をかけると、「ダメだお～」の返事が冬空にこだまする。

その入江の海と陸とが接する場所に「まるよし食堂」の看板が見える。この看板がなければ、ここが食堂であるとはとても思えないだろう。店内に入ると、「新はばとれました。」の手描きの貼り紙が目に付いた。

「いつもは11月初めには採れ始めるんですが、今年は1ヵ月ほど遅れました」

おかみさんの志賀治美さんがそう言う。「はば」とはハバノリのことで、真冬の岩場で採れる海藻である。干潮の時間帯をねらって、たとえそれが真夜中であっても、防寒装備で冷たい海に入って採る。かつては漁師の女たちの仕事だったが、いまでは稼ぎになるので男の役割だ。

「見栄えは悪いし、磯のニオイが強いので昔は市場で

地ダコの刺身も名物である。一杯やりたくなる歯応えだ

宮川湾で採れたハバノリを干す。四角くかたどる

見向きもされず、漁師の家で細々と食べられていた庶民の味だったんです」

それがある日、この店に取材にやって来たもの好きなスタッフの1人が、ハバノリをつまんで「おいしい！」と言って食べた。「その時、これ、メニューにしたらいいかもしれない」と思ったのが始まりだ。それから40年、いまではこの店の看板メニューである。

今朝も夫の正之さんが、目の前の海で採ってきた。

「漁期は1月末くらいまで。2月になると硬くなって味も質も落ちます」

これを天日干しにする。天気がよければ1日で干し上がる。毎日のようにこの作業を繰り返し、冷凍庫にストックしておくのである。

「今年はスタートが遅れたので、収穫量は少ないでしょう。夏のはじめまで持つかどうかですね」というから、5月末くらいまでは食べられるだろう。

濃くて深い緑色のハバノリが、手のひらで適

【まるよし食堂】

まるよし食堂
[神奈川県三浦市宮川町 11-30 ／☎ 046・882・3579]

はばのり定食は５月末くらいまで。その他のおすすめメニューは、しっとり・こってりの「中トロ漬丼」1300 円、マグロ＋ワカメの芽株「海かけ丼」1300 円など。一品加えたい場合、地ダコの刺身 500 円や焼き魚 1000 円前後など。
自家製の板ハバノリ５枚セットもある（1 枚 21×19cm）。
渡船（テトラ 2700 円／ドット島 2800 円。２人から受け付け）もあり、冬期はメジナやクロダイが釣れる。民宿も営業している。
◉営業時間：9 〜 17 時　◉定休日：木曜日

当に砕かれて白い丸皿に無雑作に盛られている。磯の香りはまだ低く沈殿している。これに醤油をひと回しほどかけて軽く混ぜ、温かい丼ご飯の上にパラパラと落とす。

　すると、その一瞬を待っていたかのように、芳醇さを増したハバノリの香りが一気に立ち昇ってくる。鼻に匂ってくるというより、顔面全体が包み込まれる感じだ。

　ご飯とともに口にかき込む。今度は逆に、喉から香りが鼻に抜ける。噛むほどに香りは高まり、味わいは豊かになる。カンブリア紀の豊饒の海を連想させるような濃厚な潮香である。

　よく乾いてパリパリのハバノリだが、口の中で暴れるようなことはない。ご飯や口中の熱と水分で、すぐにしんなりとやわらかくなり、噛み進むと昆布のような粘りが出てくる。その粘りが滋味となって、香りとともに体の隅ずみにいきわたる。

　小鉢のヒジキの煮物は、黒くて太いヒジキが丹念に煮込まれていてやわらかい。また、自家製のダイコンの漬け

【旬の情報】

新鮮！　朝獲れ野菜
直売中

三浦半島を縦貫するR134沿いには、週末になると農産物の直売所がそこここで営業。
引橋の信号を左折（宮川・三崎方面から来た場合は右折）してすぐの所にある「ザ・作兵衛」は、100年以上続く農家の直売所。店先に立つのは、この農家のお嫁さんで、「朝獲れたばかりだから新鮮で美味しいですよ」。三浦大根（1月末まで）は1本300円〜。大きいのは6〜7kgあり、600円程度。2月からは青首大根が中心。ほかにカブやニンジン、キャベツなど。

【周辺釣り場情報】

◉観音山下
宮川港より海を前に左手の岬の手前にこんもりとした山がある。
観音山といわれ、これを回り込んだ先が「観音山下」と呼ばれる一級地磯。周辺ではクロダイ、メジナの実績が高く周年釣り人が絶えない。沖は平坦で投げ釣りでカレイも釣れる。

◉八景原
宮川港より海を前に右手の磯に出ると三崎港の通り矢まで広い磯場が続く。
周辺は浅く釣り場の魅力に乏しいものの、ウミタナゴなどの小もの釣りをのんびり静かに楽しむにはもってこい。
なお宮川港や周辺の地磯で釣りを楽しむなら宮川港の有料駐車場を利用。

物は田舎風の厚切りで、噛むとパリンパリン。胸のすく歯切れのよさだ。『声に出して読みたい日本語』という本が確かあったが、これはさしずめ、「音を発てて食べたい漬け物」か。
　磯の香りに舌鼓をうち、磯の香りで腹がいっぱいになって、そして静かに箸を置く。
　満足してお茶を飲み、窓辺に寄りかかって港に目をやると、一羽のウミネコがニャアと鳴いて飛んで行った。

首都圏日帰り
地魚食堂
02

あじフライ定食

食べれば納得！日本一の黄金アジフライ

さすけ食堂
【内房・金谷港】
千葉県

あじフライ定食＝1300円

ごはんは無農薬の地元産、みそ汁は特産のカジメ入り。これがアジフライ定食

「小さなお店だけど　ネタも少ないけど　とれたてのお魚を　たべてください」

筆ペンで書かれたこの貼り紙は、潮風に吹かれて色褪せているけれど、そのことによってこの店のすべてを物語っている。

館山道路・金谷ICから南へ5分。東京湾フェリーが発着する金谷港のそばの国道１２７号線沿いにこの店はある。

昔のドライブインのような、時代遅れのひなびた外観。だだっ広い駐車場は常にほぼ満車。みんな、この店の「黄金アジ」を食べるだけのために、遠くから車や船や電車でやって来て、寒風に吹きっさらしで、またうだるような炎天下で、1時間も2時間も順番が来るまで並ぶのである。

待つ身もつらいが、お客を待たせる身はもっとつらいだろう。しかしこの店は決して料理に妥協しない。素材にも妥協しない。そして、客にも妥協しない。

雑然とした厨房では、漁師町のおかみさんたちが忙しく働いている。その要の位置に、出刃包丁を黙々と

アジ刺しは弾力があり、新鮮そのもの

振り下ろす女店主がいる。隣には大ぶりのアジが無雑作に積まれ、上から順番にまな板へ載せられる。

「ドンッ！」

一撃で頭を落として3枚におろし、皮を剝いで刺身に。厨房の奥では、大鍋に油が泡音を発てている。そこに、衣をまとったアジが次々にダイビングしていく。旨いといっても、アジはアジだろうとだれもが思う。しかし、ここのアジを食べると、同じアジにも普通のアジとそうでないのがいるのだということがわかる。

金谷沖一帯のアジは黄金アジと呼ばれるブランド魚で、ほとんど市場に出回ることはない。回遊性のアジとちがい、海底の岩礁帯につく根着きのアジで、30〜40cmと大きく、身はすこぶる分厚い。

大アジは大味ではないかという疑心が頭をかすめるが、丸皿に載って運ばれてくる香ばしい匂いで、それが杞憂であることを悟る。ふくよかで、豊かで、穏やかである。キツネ色に揚がったそれを割りばしで持ちあげると、ふんわりと軽い。歯を入れると、衣がサクッと鳴って、身にはフワッと弾力があって、やがて口の中は幸せ感で満たされる。

【さすけ食堂】

さすけ食堂

［千葉県富津市金谷 2193-5 ／☎ 0439・69・2123］

地元で獲れる黄金アジを求めて、週末は開店前から行列ができ、その列は仕入れたアジがなくなるまで続く。たかがアジに、なぜこれほどまでフィーバーするのか、食べればそれがわかる。ほかに、あじ刺身1300 円、カジメラーメン 800 円など。あじフライ＋あじ刺身のさすけ定食 1600 円もある。

◉営業時間 : 9 時半〜 14 時

◉定休日 : 火〜木曜日を原則として定休とする

店に居着いた猫。おかみさんやスタッフ、漁師さんにもかわいがられている

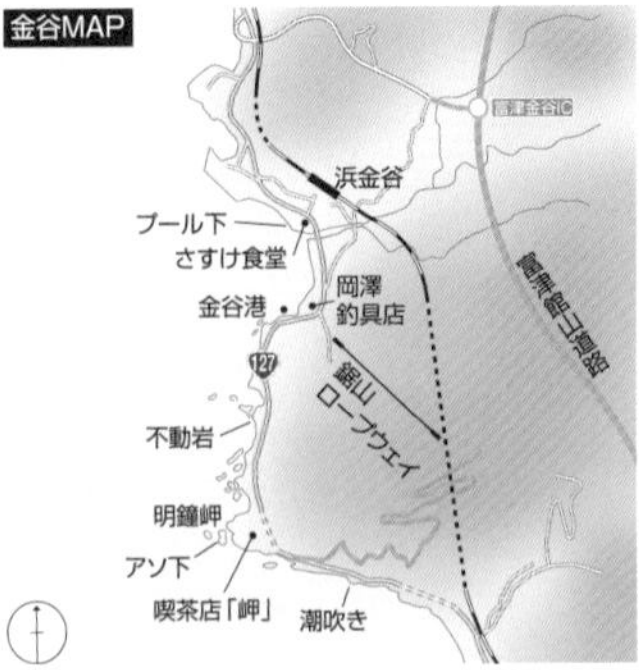

食べている間じゅう、これがアジフライ？　本当にアジフライ？　何か別のもっと高級な、たとえば……と考えても思いつかないような未知の魚じゃないのか？――そんな感動が、胃の奥のほうから押し寄せて来る。

ピンクの輝きを艶やかに放つ刺身は、生きているアジにかぶりついたんじゃないかと思わせるほどにプリプリで、思わず周囲を見回して、見知らぬ客と目と目で「うまい！」とうなずき合い、そして微笑を交わし合う。

この店のアジに惹かれて、野良猫も居着いているらしい。

【絶景情報】

東京湾に沈む夕日と珈琲＋音楽

さすけ食堂から金谷の港町を通り過ぎると、クロダイやメジナ釣りで古くから知られる明鐘岬がある。この岬の断崖の上に建つのが、プレハブ造りの喫茶店「岬」だ。吉永小百合主演の映画『ふしぎな岬の物語』（2014 年公開）の舞台であり、ロケ地になったところ。正面は海。三浦半島や大島が望め、意外に大きな富士山も。そして、茜色に染まる夕景はまさに絶景。Ｊａｚｚ音楽も心地よい。コーヒー各種 500 円～。ケーキや軽食も。
10 時～日没まで営業。原則無休。
☎ 0439・69・2109

絶景コーヒー店だ

【周辺釣り場情報】

◉明鐘岬 & 金谷港

喫茶店「岬」の下に広がる洗濯板状の低い磯は「アソ下」と呼ばれる。クロダイのほかメジナやウミタナゴ、メバルの魚影も多い好釣り場で波っ気のある時のほうが実績は高い。溝の中をねらう釣りで水深は５～６ｍ。このほかにも周辺には「不動岩」、「プール下」、「潮吹き」といったクロダイが有望な地磯が多い。このほか金谷港も手軽な釣り場だ。港前にある岡澤釣具店（☎ 0439・69・2232）では金アジをねらえる乗合船や沖磯への渡船もしている。

首都圏日帰り
地魚食堂
03

あぶさん
【湘南・須賀港】
神奈川県

しらすめし

シラス尽くしで、めまいのするような潮の風味を

しらすめし＝1800円

自家製たたみイワシの素揚げは、香ばしい上に味が濃くお酒に合う

平塚には２つの漁港がある。相模川河口部右岸に昔からある須賀港と、２０００年に開港した相模湾に臨む平塚新港である。「あぶさん」は須賀港寄りにある。

店名は人気野球漫画『あぶさん』の作者水島新司と、店主の名前が１字違い（水島新次）であることから付けられた。包丁を手にする店主の姿は、「あぶさん」の主人公である酒仙強打者・景浦安武の孤高の雰囲気とは違い、控え目、懇切、丁寧、そして地道である。

「きょうは時化《しけ》で船が出漁していないので、残念ながら生シラスはありません」

生シラスを求めて出かけて来たのだが海は大荒れ。いきなりデッドボールを食らった感じである。しかし、シラスは生に限るというわけではない。釜揚げや佃煮など、通はむしろこっちを好む。

そこで、店主がさまざまに加工したシラスを味わえる「しらすめし」を注文。真っ白い丼に、３色のシラスが山盛りだ。

純白なのが、「釜揚げ」である。新鮮なうちに粗塩でさっと茹で上げてあり、しっとり、フワフワのやわらかい食感。噛むとほんのりと甘い。黄色っぽいのは、

相模湾の新鮮な魚介を食べるなら「港めし」だ

人気野球漫画『あぶさん』の作者水島新司と、名前が１字違い（水島新次）の店主

粗塩の代わりに醤油を入れて茹で上げ、短時間天日干しにした「醤油干し」だ。食感はソフトで、かすかに醤油の風味が香る。赤っぽい茶色なのは、「佃煮」である。茹でたシラスを天日でよく干し、しっかり煮付けてある。醤油味がしみており、佃煮独特の食感が心地よい。

シラスの山のてっぺんには、薬味の刻みネギ・大葉・ショウガが散らしてある。よく見ると、炒ったゴマの粒も混じっている。ご飯もろとも、箸ですくい上げて頬張る。いろんな食感と味が口中で喧嘩を始めるがし

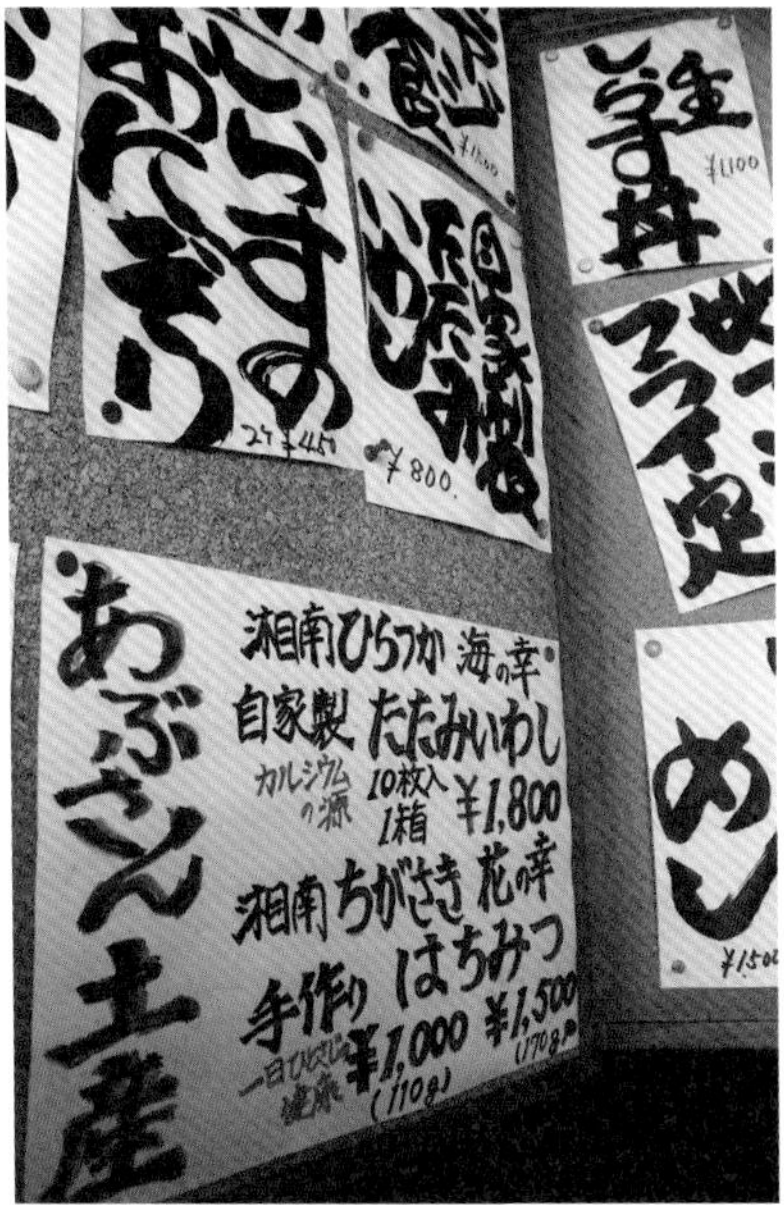

【あぶさん】

あぶさん

[神奈川県平塚市千石河岸 30-15 ／
☎ 0463・23・7740]

相模川河口部にあるのが平塚漁港。栄養豊富な相模川の淡水が混じる平塚近海はシラス漁の有力産地。この店は相模川の右岸べりにある。平塚の須賀港と新港の２つの港に揚がる旬の魚介にこだわっている。ほかに、地あじ丼 1700 円など。お土産には「自家製たたみいわし」（1 箱 10 枚入り 1800 円）がおすすめ。ロン毛の「ロンちゃん」（ネコ）は、店のマドンナ。
◉営業時間：11 時半～15 時／17～22 時
◉定休日：水曜日

かし、すぐに時化がおさまるように平穏になり、めまいのするような潮の風味を残して胃袋に消えてゆく。「シラスが獲れた日は、これに生シラスが付きます」というから、シラス漁がある日は４つの味がめまいを起こさせるわけである。

このメニューには、シラスのかき揚げなどの揚げ物の皿も付く。その中では、自家製たたみイワシの素揚げが珍品だ。香ばしい上に味が濃く、冷酒やビールにおすすめ。また、シラスのかき揚げには、店主が浜で

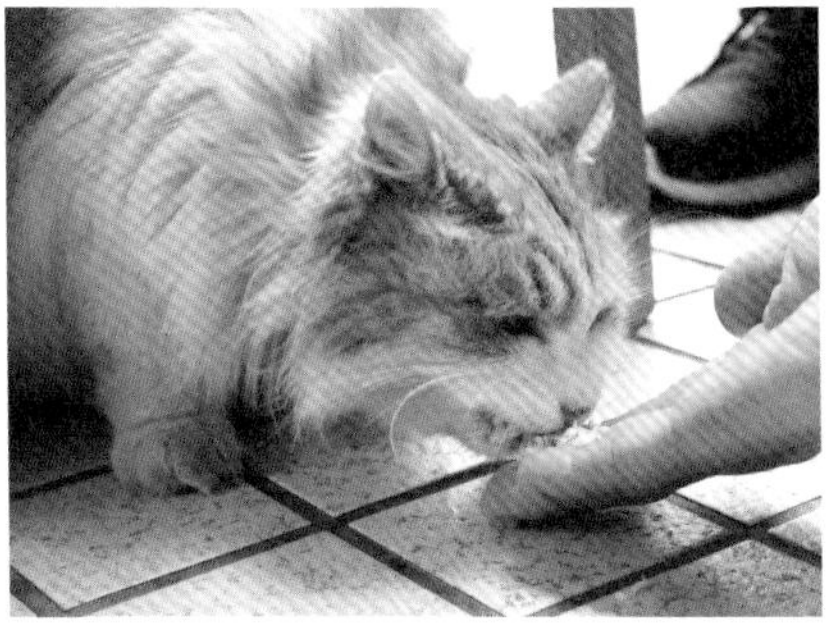
店のマドンナ「ロンちゃん」は人気者。やはりシラスが好物だ

【周辺釣り場情報】

●須賀港
港の堤防や相模川河口は乗っ込みクロダイの好機。また春は稚アユのソ上に伴いスズキも回遊しやすい季節だ。平塚港といえば乗合船の一大基地。おすすめの船宿は庄三郎丸。ライトウイリー五目、近年の人気はメダイ五目船。3月中旬はキンメダイが20～40尾も釣れていた。

採った海辺の野草・ハマボウフウが混ぜてあった。野草独特のパンチのあるエグ味がたまらない。

相模湾の魚を味わいたいなら、新鮮魚介の刺身を中心にした定食「港めし」（1800円）を。当日の内容は、マグロ・カンパチ・マアジの刺身＋アジフライ＋ナガラミ貝＋釜揚げシラス（または、生シラス）だった。ナガラミ貝は10円玉くらいの地元で獲れる円形の巻貝。ツマヨウジで身をほじくり出して味わう。

湘南のシラス漁は、今年（2017）は3月11日に解禁。まだ漁は不安定で、本格化するのは例年、ゴールデンウイーク前後から。

首都圏日帰り
地魚食堂
04

地魚寿司

8貫一皿でお腹いっぱい！
シャリもネタも特大の
房総田舎握り

白浜屋本店

【南房・館山】

千葉県

地魚寿司＝ 1980円、地魚寿司ランチ＝ 1540円

４代目店主の佐貫美津男さん。大きいシャリを食べやすく握るのは、まさに熟達の技

キンメダイのカマ焼きは品と深みのある味わい

「わっ、デカッ！」

供された寿司を目の当たりにした時、客は目を点にして思わずこう口走る。４代目店主の佐貫美津男さんは、客のこの驚きの声を聞いてすかさず口上を述べる。

「東京の高級店のシャリの重さは10ｇ余り、うちの房州寿司はその３倍以上で45ｇあります。この大きさは、江戸時代の屋台の寿司とほぼ同じだそうです」

一皿全８貫を完食すると３６０ｇ。茶碗１杯の普通盛りは約１５０ｇであるから、ほぼ２杯半に匹敵。

「酒の肴としての寿司ではなく、お腹をいっぱいにするための食事としての大衆寿司。ですから、昔から大きいのです」

房州伝統の田舎寿司は、シャリもでかいがネタも大きい。男は豪快にひと口で頬張る。女性はおしとやかに半分ずつ食べようとするが、たいていはシャリが崩れて四苦八苦。そして結局、最終的には、はしたなく大口を開けてひと口に頬張る。

解禁になったばかりの大きなアワビも絶品

キンメダイのエンガワは
小悪魔的なトロける甘さ

食べ終わると男女とも、いくぶんふくらんだお腹をポンッとたたいて大満足の笑顔。この寿司を味わうのに、恥や外聞は不要なのである。

大正8年、南房・館山に鉄道が開通し、館山駅が営業を始めた年にオープン。再来年（2019）には100周年を迎えるこの建物は、古色の粋を帯びた木造一軒家。現在の館山駅周辺が南欧風に姿を変えつつある中で、港町・館山の往時の面影をかたくなに主張している。

看板メニューは、館山の船形漁港など地元に揚がる旬魚がネタの「地魚寿司」である。松と竹があり、松はネタにアワビが入る。取材日はちょうどアワビの解禁日であった。掌に余る殻付きのアワビを見せられて、食欲がいきり立つ。

【白浜屋本店】

白浜屋本店
[千葉県館山市北条 1625-38 ／☎ 0470・22・3615]

シャリもネタも大きい房総田舎寿司の店。大きいシャリを食べやすく握るのは、まさに熟達の技。この寿司を求めて地元や関東近県はもとより日本各地から、房総半島の南の果てまで食いしん坊たちがお腹を空かせてやって来る。他に刺身と焼き魚の房州定食 1760 円など。旬素材の肴も各種用意。
◉営業時間：11 ～ 21 時（15 ～ 17 時は準備中）
◉定休日：水曜日

前段4貫は、右からメジナ・ヒラメ・カツオ・アジである。メジナには、旬の終わりを告げるかのように白子が乗せてあった。ヒラメも旬の名残りである。白身のあとは赤身系に移る。カツオはいままさに、目には青葉の旬の真っ盛り。続いて、一年中おいしい房総のアジ。

そして、黄色い玉子焼きのすっきりした甘さで一息つく。シャリは外房鴨川の棚田に実るブランド米〝長狭米〟を使用。その味を生かすために、酢加減は極力薄く仕上げてある。シャリ1粒ずつがまるで帯を解くように口の中でハラリと崩れゆくさまは、まさに主人の職人技。だから、大きくても食べやすく、飽きが来ない。

寿司をつまむ手は後段へ伸びる。右から、イナダ、ワラサと青魚系がバトンを受け、この店の呼び物であるキンメダイへ至る。脂がいきわたってやや白濁した淡い赤色の身は、キメが細かくてスッと歯がとおり、甘みがジュッとこぼれ出るようだ。「このキンメを味わいに、年に何回も来るお客さんがいるんですよ」（店主）

若いころ東京・向島の料亭で修業した店主は包丁さばきが確かで、最近キンメダイのヒレからエンガワを切り出すことに成功。ただし、量が取れない稀少部位なので、幻のメニューになっている。これを手巻きで味わったが、小悪魔的なトロける甘さであった。

最後は、漁が解禁したばかりのアワビ。噛むとコリッコリの快音が歯から鼓膜の奥に響きわたり、硬い殻を噛み砕いて貝を食う荒磯の王者・イシダイになった気分である。

（※注：当時取材した「松」のメニューはその後なくなり、令和2年現在、地魚寿司としてのメニューは「地魚寿司」「地魚寿司ランチ」の2種）

【散策情報】

砂州を渡って沖ノ島へGO！

館山湾の南、自衛隊基地の外側にある、グルっと一周約1㎞の小さな無人島。無料の駐車場があり、島まで砂州になっていて、その砂浜を歩いて渡る。海はきれいで、岩場ではイソギンチャクやフジツボ、小魚が見られ、磯遊びができる。島は緑の森におおわれ、縄文時代の遺跡、謎の洞窟、神社もあって探検気分も。夕暮れの海景色も最高で、晴れた日には富士山も望める。
ほかに「館山城」も人気。城内には、江戸時代の文豪・滝沢馬琴『南総里見八犬伝』の博物館もある。

【周辺釣り場情報】

◉館山湾周辺

市内から沖ノ島へ向かう手前にある「自衛隊堤防」は、堤防釣りのメッカとして年中にぎわう。取材当日は平日で強風にもかかわらず、学生や定年リタイア組、ファミリーがサオをだしており、カワハギやベラなどが釣れていた。堤防にはイカの墨跡もあり、エギングもねらいめ。小アジなどの雑魚釣りはもちろん、クロダイねらいのウキフカセや紀州釣りファンも多く連日型が見られるような実績場である。このほか館山湾の那古船形も人気の堤防。ここには「館山釣りセンターくろしお丸」など乗合船もある。館山周辺の釣り場時情報やエサの購入はマリンスポット釣吉（☎ 0470-33-2880）。

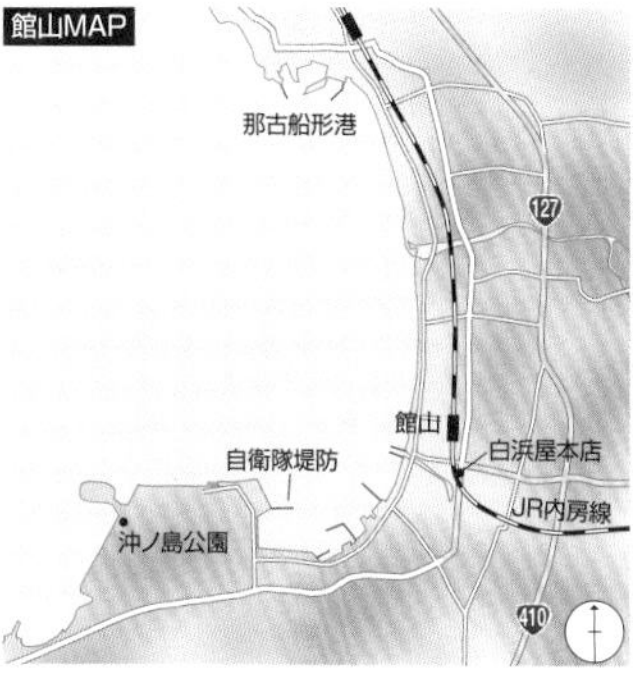

首都圏日帰り
地魚食堂
05

ぼさ天重

漁師町・羽田の地エビ
「ボサエビ」のかき揚げ重。
力強い香りと
サクサクの歯ごたえ

食通ゆたか
【東京・羽田】
東京都

ぼさ天重＝1780円

アナゴは羽田沖の朝獲れを、主人が早朝からさばく。熱を加えると反りかえるのは新鮮な証だ。

丸いお重からはみ出す団扇のようなかき揚げを前に、一瞬、たじろぐ。どこから、どのように食べ始めるか、箸も迷う。思い切ってかぶりつくと、衣がサクッと割れて、エビ特有の香りがプーンと立ち上がる。これで一気に、食欲のスイッチが入る。

多摩川の淡水と東京湾の海水とが混じる羽田沖の漁場は、埋め立てや羽田空港滑走路の相次ぐ増設などで、一時期ほぼ壊滅状態であったが、いまでは江戸前のアナゴ、ハゼ、アサリなどが徐々に復活中である。

この店は45年ほど前、ウナギ屋としてオープンしたが、いまでは地元に揚がるアナゴが名物で、天ぷら、天重、白焼きなどのメニューが並ぶ。

そのアナゴとともに、知る人ぞ知る食材が「ボサエビ」である。これは多摩川河口や支流の海老取川で獲れるスジエビの仲間で、地元では単に「ボサ」と呼ばれる。いわば、羽田の〝地エビ〟である。

ボサは、竹の枝葉のこと。これを薪のように束ねて、2~3日川へ放り込んでおくと、エビが居着いてどっさり獲れる。そのボサに付くエビだからボサエビ。最近のボサ漁は竹の枝の代わりに、荷造り用のビニール

冷凍保存のボサエビ。4～5cmと小さく地味だが、味に滋味あり

ひもを丸めて沈めているそうである。

「ボサは昔から地元で食べられており、市場に出ることはなく、まさに漁師町・羽田の庶民の味。ちょうど親戚のおじさんが獲っているというので、この地元の伝統食を復活させようと、30年ほど前からかき揚げメニューに加えました」（店主の村石保さん）

生のエビは半透明な灰色で、所々に朱色が散っている。これをゆるめに溶いた衣に合わせ、タマネギと三つ葉を加えて、手早く天ぷら鍋に投入。ボサの表面が、サッと鮮やかな朱色に変わり、油がパチパチと音を発てる。

店内には著名人の色紙がびっしり

これを分厚い天ぷら鍋で、じっくり、ゆっくり時間をかけて揚げる。大玉を1つ揚げるのに10分以上。その間、じっと手をこまねいているわけではない。丸くて太い天ぷら用の箸で、この大玉を薄く広げ、形を整えるのである。穴を開け

【食通ゆたか】

食通ゆたか

［東京都大田区羽田 4-22-9 ／☎ 03・3741・2802］

オープンは約 45 年前。店主の村石保さん（77 歳）は、羽田生まれ、羽田育ち。子どものころからパイロットになる夢があり、店をオープン後、忙しい仕事の合間を縫って猛勉強し、38 歳の時にパイロット免許を取得。その情熱は料理にも注がれ、地元の食材にこだわったメニューは評判で、店内の壁に所狭しと張り出された著名人の数々の色紙がそれを物語る。また、海外からのひいき客も多い。アナゴは、穴子天 1380 円、ランチ穴子天重 1100 円（赤だし付き）、穴子白焼き 1220 円（小）など。天ぷら（並）1380 円も。

◉営業時間：11 時半～ 14 時

◉定休日：月・火曜日

たり沈めたり、突っついたり、裏返したり、そんな細かな作業を、まるで大きな赤子をあやすように慎重に、丁寧に、そして時に荒っぽく行なう。

やがて泡の大きさが一定になり、パチパチとはじける音も落ち着いたところで引き上げ、しっかりと油を切る。出来上がりの表面には、衣の花が魔法のように美しく咲いている。

サクサクと脳天に響く噛み応えが心地よい。サクラエビと似た風味だが、ボサのほうが味・香りともに濃厚で力強い。これに甘めのタレがかかり、ご飯との相性がすこぶるよいのである。

【散策情報】

ご利益あり！「穴守稲荷神社」

1818年から続く神社で商売繁盛や家内安全などのご利益スポット。境内には小さなお社が点在し、「必勝稲荷」「出世稲荷」「繁栄稲荷」などが。幾重にも続く赤い鳥居のトンネルをくぐった先の奥の宮には“御神砂”があり、これを持ち帰って玄関などにまくと、招福・祈願成就のご利益あり。豊漁祈願もバッチリ!?

昭和な喫茶店「オリオール」

穴守稲荷の駐車場前の路地にひっそり佇む喫茶店「オリオール」。マスターの幸田成夫さんは御年83歳で､昭和ダンディーのオーラがスゴイ。真っ赤な缶入りのキャラバンコーヒーをドリップでいれる。内装も音楽もカップも懐かしい味がしみ出している｡ブレンド300円､アイス320円､カレー550円〜、スパゲティナポリタン550円。大田区羽田５－９－１　☎03・3744・7372

年を重ねてもダンディーなマスター

【周辺釣り場情報】

◉多摩川河口

多摩川の河口は、梅雨時はテナガエビ、夏からはハゼ釣りが楽しめる。取材日はまだ、釣り人は少なかったが、写真の２人は大学生。左側はトルコからの留学生で、「日本大好き、お魚大好き」と大はしゃぎ。まだ釣果ゼロだそうだが、その後、釣れたかどうか……。

はかりめ丼

父子2代つぎ足されてきた濃厚、こってりな煮汁で朝獲れアナゴを煮上げる

はかりめ丼＝1650円（1日限定30食）

いそね

【富津・大貫港】

千葉県

地元富津の食材にこだわる定食

富津周辺では、昔からアナゴのことを〝はかりめ〟と呼ぶ。はかりめとは、市場や河岸で魚の重さをはかるために使用した棒秤《ぼうはかり》のこと。細長いアナゴに、はかりの目のように点々とついている側線が、まるで棒秤のように見えることからこう呼ばれた。

店は創業41年（2017年時）。じっくり煮上がってテカテカに黒光りのするアナゴが、どんぶり飯の表面をおおいつくすほどに、敷き詰められている。

薬味のワサビをチョンと乗せ、箸をサクッと入れる。そして、下に隠れた白いご飯もろともすくい上げ、口をいっぱいに開けて頬張る。

ふっくらした口当たり、香ばしい風味が脳天を漂う。煮込んだアナゴの表面に、バーナーで火が入れてあり、これがふっくら感と香ばしさをかもし出している。身がやわらかく、食感に頼りなさのあるアナゴだが、このひと手間で味わいに深みと広がりが加わり、食欲が一気に加速する。

店の目の前は富津・大貫の砂浜と海、その隣に大貫

父の代からつぎ足されてきた煮汁にアナゴを浸すこと 30 分。黒光りしてふっくらとした味に仕上がる

バーナーで火を入れることで香ばしさがアップ

漁港がある。二代目の丸翔太さん（34歳）は、父親から店を継いで12年。毎朝、6時半になじみの漁師から直接魚を買い付けにでる。通常、アナゴは1日10kg、お客さんの多い週末などは15kgを仕入れる。10kgは「はかりめ丼」にして約30食分、15kgは50食分である。

「私はまだ修業の身で、アナゴをさばくのは初代（父親）の仕事なんです。同じようにさばいても、父のは口当たりがなめらかで、味わいに明らかな差がでます」

魚の重量を計測する棒秤。これを「はかりめ」と呼び、棒の部分に付いた目がアナゴの側線に見える。これがはかりめの由来

父親は66歳。年季の差というヤツだろうか。調理するのは二代目である。

「父の代からつぎ足されてきた煮汁にアナゴを浸し、コトコトと弱火で約30分煮込みます。通常の店では、15分くらいですが、うちでは弱火でじっくりで

【いそね】

いそね
［千葉県富津市岩瀬 993-4 ／☎ 0439・65・3535］

創業 41 年、地魚を中心とした活魚料理と寿司の店として、地元でも人気の店。はかりめ丼の煮汁は初代からつぎ足され、歳月とともに熟成。「昔に比べて色は濃くなり、粘りも出てきて、冷蔵庫で保管していると煮こごり状態になっています。これに、毎朝醤油やみりんなどをつぎ足して使います」
地元富津の食材にこだわる。アナゴなどの魚介はもちろん、煮汁に使う醤油やみそ汁の具も地元産だ。アナゴ料理のほか、地魚料理も注文に応じて食べさせてくれる。天ぷらの盛り合わせで頼んだら、車エビ２尾＋アジ＋シロギス＋アナゴで 1300 円だった。もちろん、いずれも地物である。ほかに焼き魚や煮魚、寿司も。
◉営業時間：11 ～ 14 時 /17 ～ 20 時
◉定休日：月曜日（ただし祝日の場合 11 ～ 16 時で営業）

天ぷらの盛り合わせの車エビも地元産

すね」
父子2代の仕事の結晶ともいうべき煮汁が、アナゴの身肉にしみわたり、黒々としたテカリを生み出す。見た目は非常に濃いが、食味は実にさっぱりしていて嫌味がない。それは、朝獲れを、その日の朝にさばいて調理して、すぐ食膳に上げるからだろう。
「作り置きは、原則としていたしません」（二代目）
このほか、「はかりめ2食丼」（2090円）もおすすめだ。これは、普通のはかりめ丼と、天然塩とレモンで味付けした独自の〝さわやか丼〟の2つの丼を楽しめるとあって、とくに女性に人気とか。

【お土産情報】

特撰醤油１升が、1 本 690 円！
江戸時代創業の宮醤油店

「いそね」のはかりめ丼の煮汁に使われる地元の醤油蔵「宮醤油店」は、創業天保５年（１８３４）の老舗。伝統の木桶を用い、自然の温度変化で醸造する昔ながらの天然醸造方式でじっくり熟成。少量のアルコール以外は無添加。全国醤油鑑評会で最優秀賞である農林水産大臣賞を過去３度受賞。それなのに、商品は「かずさむらさき／特撰しょうゆ」（1升ビン入り）がなんと 770 円など、卸売価格並み。ほかに、焼き魚にかけるとおいしい「夏柑ポン酢しょうゆ」、刺身がウマイ「超特撰さしみしょうゆ」、ダイコン・キュウリ・ショウガの「もろみ漬け」など。建物は、国登録有形文化財指定。

千葉県富津市佐貫 247
（☎ 0439・66・0003）

【周辺釣り場情報】

大貫港は沖に向かって左側の赤灯堤防、右側の堤防が釣り場となりシロギス、メゴチ、ハゼが有望。夜釣りではアナゴも出る。秋はサバやワカシが回遊するのでメタルジグも用意しておくと◎。赤灯付け根のテトラ周りはカイズも有望だ。漁港近くの「さゞ波館」（千葉県富津市小久保 2868 ☎ 0439･65･3373）は、釣りと鉱泉の宿で、釣り船紹介や釣りザオのレンタル、初心者向けの釣り方説明なども行なう。２食付き１泊１万円前後、朝食付き 5000 円余り。

松輪とろサバ炙りたて

強力な火炎で表面をサッと炙る。ピンク色の身肉はトロトロで甘い

地魚料理「松輪」

【三浦・松輪港】

神奈川県

松輪とろサバ炙りたて＝時価（2000～2700円）

強火力の“バズーカ”で
魚を炙る本田料理長

まな板の上に置かれた松輪サバの片身。その身は、白いヴェールがかかったようなぼんやりとした淡いピンク色。サバの、あの露骨な赤身とはまったく異なる色味である。

「この、白っぽい感じは、脂が乗っている証ですね」

本田英之料理長はそう言って、ガスバーナーを構える。

「じゃあ、炙《あぶ》りますよ」とスイッチオン。

同時に「ゴォォォォ〜」とうなりを上げて炎が噴き出る。

「野焼き用ですから」

料理用ではなく、山の雑草を焼く野焼き用のバーナーなのだ。バズーカ砲を連想させるような〝銃口〟から、勢いよく青い炎が噴射されると、たちまち三枚おろしのサバの片側が焼き上がる。

裏返して今度は皮側に炎を当てると、見る見る焦げ目がついて、あたりに何ともいえない芳しさが漂う。

「強い火力で、ほぼ瞬間的に表面に火を入れる。これが秘訣ですね」

表面にだけ焼きを入れ、中は生。脂のたっぷり乗っ

「エボダイ刺身」は、1尾でたっぷりの量。ややピンクがかった白身は、脂の乗りもサイコーだった

列をなして帰港する沖釣り船。松輪漁港出船の釣り船は、午後1時が沖あがり。クーラーの中にはイナダやワラサが

た「松輪の釣りサバ」は、1尾5000円前後という高値で取り引きされる。この超高級ブランド魚を一番おいしく食べる方法が、この強力なバーナーによる炙り焼きなのだ。

包丁が入り、皿に盛り付けられて出てきたその第一印象は、「美しい!」であった。皮は青味がかったいぶし銀の下地に焦げ色が散らばり、身肉は鮮やかに照り輝いている。さっきまで白い脂のヴェールに包まれていたが、その脂がバーナーの熱で溶け、本来の身の色であるクリーンなピンク色を呈しているのである。血合いの紅色も鮮烈だ。そしてその周囲は、熱が通って白色に縁取りされている。まさに、絶妙の〝バズーカ炙り〟だ。

箸でつまむと、その切り口の表面は、ジワリとにじみ出た脂が朝露のようにきらめいている。無色透明、水のような脂だ。

ポン酢醤油ともみじおろしでこれをいただく——。ほんのりとした温み、トロッとした甘みのある味わい、そして皮の香ばしさ。それらが目まぐるしく音楽を奏で、舞台の奥へと静かに去っていく。あの、ジワリと

【地魚料理「松輪」】

地魚料理「松輪」
[神奈川県三浦市南下浦町松輪 264　エナヴィレッヂ 2F ／ ☎ 046・886・1767]

みうら漁協・松輪支所直営のレストランとして平成 11 年にオープン。本田英之料理長は、都内の割烹で 10 年ほど修業。江奈湾の海を望む地に建ち、西の関サバと並ぶブランドサバを食べようと、関東近県から平日でも客が押し寄せる。「これから 11 月にかけて、脂の乗った黄金アジの季節。炙りのほか、しめサバや塩焼きもおすすめです」（料理長）
ほかに、ご飯セット（ご飯・椀物・小鉢・香の物・デザート）500 円。※値段は時価なので変動する場合も。
◉営業時間：11 〜 16 時 ◉定休日：火曜日

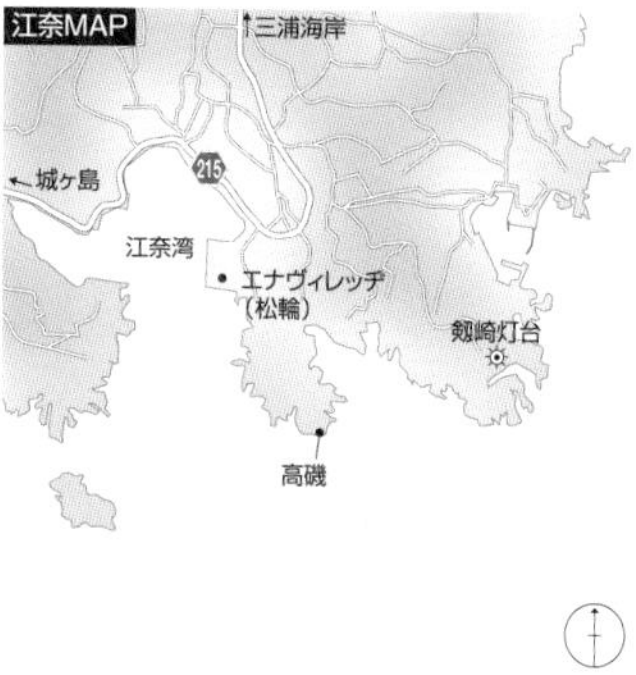

浮き出ていた高貴なるサバの脂は、口中においてその存在を主張することもなく、ただ淡い風味だけを残していつとはなしに消えていた。

嫌味のまったくない、混じりっ気のない、純粋無垢なサバを堪能したのであった。

付け合わせの旬魚は生シラスとイナダの刺身だった。イナダはこれから、ワラサとなり、さらにブリに出世する。松輪漁港は、いよいよ秋本番を迎える。

もう一品、地魚の刺身として、エボダイを注文したが、これも極上だった。通常は干物のネタだが、添えてあるマグロよりも断然味わい深かった。

【散策情報】

水槽で生かして販売の
「丸新水産直売所」

（三浦市南下浦町松輪 290 ／☎ 046・886・0223）
食堂「松輪」の目の前にあり、松輪漁港に揚がる魚介類を水槽で生きたまま販売。「8～9月は魚がいなくて」とおかみさん。水槽をのぞくとサザエがびっしり。これをつかんで取り上げようとすると、水槽の壁にピタッとくっついてなかなか離れない。活きがよいというより、ビンビンに生きているのだ。このサザエが１個２００円程度。ツボ焼きによし、刺身によしだ。「もうすぐ、肝パンのカワハギでいっぱいになるから、その時にまた来てよ」。

【周辺釣り場情報】

◉松輪周辺の地磯
漁港の反対側から劒崎に向かって展開する地磯はアクセスしやすいうえにクロダイ・メジナが有望な釣り場だ。中でも一級磯は「高磯」で潮通しがよい。松輪漁港の広い駐車場に車を停め、徒歩 10 数分。メジナは 20㎝前後が多いが、40㎝オーバーも夢ではない。クロダイは時に 50cm オーバーも出る。沖釣りではサバやワラサが。

味処 あさみ

【南房・布良】

千葉県

あじたたき丼

粒々の食感が爽快！
噛むほどに口中に
広がる豊かな風味

あじたたき丼＝1200円

厨房に立つのは息子の庄司昭仁さん。コリッとした食感を残す絶妙のタタキに舌鼓

ご飯と混ぜて頬張る

富津館山道で房総半島を縦断し、国道４１０号線の一本道を白浜方面へ走ると、右手に地魚料理ののぼりが風にたなびいている。店内は意外に広く、厨房では2人の調理人が腕をふるっている。

「最近、魚が獲れなくて。以前は相浜や布良《めら》の港に揚がる魚で充分に間に合ったんですが、いまは内房竹岡、外房は勝浦方面にまで声をかけているんですよ」

主人の庄司昭さん（74歳）はこう嘆く。

「きょうもこれから、店が終わったら勝浦方面に仕入れに向かいます。鮮度のいい、脂の乗った旬の地魚にこだわっていますから」

こう言うのは、息子の昭仁さん（46歳）。親子2代、仲良く厨房に立つ。

昭和56年の開業だから、今年（２０１７）で36年目。魚にうるさい地元民に絶大な信頼を得て、そのていねいな包丁さばきが評判を呼び、最近はアクアラインで東京湾を超えて来る客も後を絶たない。

刺身や海鮮丼といった定番もいいが、房総

ボリューム満点のアジフライ定食は 1100 円

の漁師料理に独創を加えた「あじたたき丼」がおすすめだ。

房総でアジ料理といえば、伝統の〝なめろう〟だが、これはそこまで細かく身肉をたたいていない。小指の先くらいの粒々の残る半たたき状態。噛むとコリコリ感があって、アジの風味が口中に満ちる。

ゴマ飯の上に刻みのりを散らし、大葉が1枚、座布団のように敷いてあり、おにぎりのように軽く握った〝たたき〟が、鎮座している。そのてっぺんには、おろしショウガ。

醤油を回し、ご飯と混ぜ合わせて、無心にかき込む。時々、みそ汁で口中を洗い、またお新香で一休みしつつ、一気にたいらげる。箸を置いて改めて想う、アジってこんなに美味しい魚だったのか—。

「さんが焼き」は2個付きで 700 円。こちらも名物料理

もう一品、酒

【味処　あさみ】

味処　あさみ
[千葉県館山市犬石 250-1 ／☎ 0470・28・2532]

主人の庄司昭さんは東京や千葉の和食店で修業。旅館の料理長を経て生まれ故郷の館山へ帰り、38 歳でこの店を開いた。館山の地魚にこだわり、現在息子さんの昭仁さんと二人三脚で切り盛り。素材を生かしながら、料理人としての技が随所に光る。
メニューはほかに、刺身定食（上）は 5 品盛 2000 円、同 (並) 3 品盛 1400 円。今の時季（冬）はブリ、カンパチ、戻りガツオ、アジなど。海鮮丼 1600 円、アジフライ定食 1100 円も人気。
◉営業時間：11 ～ 13 時半　◉定休日：木曜日

飲みにぜひ味わってほしいメニューが「さんが焼き」だ。たたいてから、味噌を加えてすり鉢でネバネバにすって、タマネギ・ショウガのみじん切りを和え、大葉ではさんで時間をかけてしっかり焼き上げてある。アジの身肉が筋肉のように締まり、噛めば噛むほど味わいが深くなり、日本酒がすすむ。

「〝たたき〟や〝なめろう〟の薬味は長ネギですが、さんが焼きにはタマネギを使います」と主人。タマネギの甘みが味に深みを加えている。

東京湾を越え、房総半島のほぼ突端まで食べに行くだけの価値ある店だ。

昼下がりの布良港に寝転ぶ猫。背後のベンチでは引退した老漁師。出会う住民は屈託がなく明るい

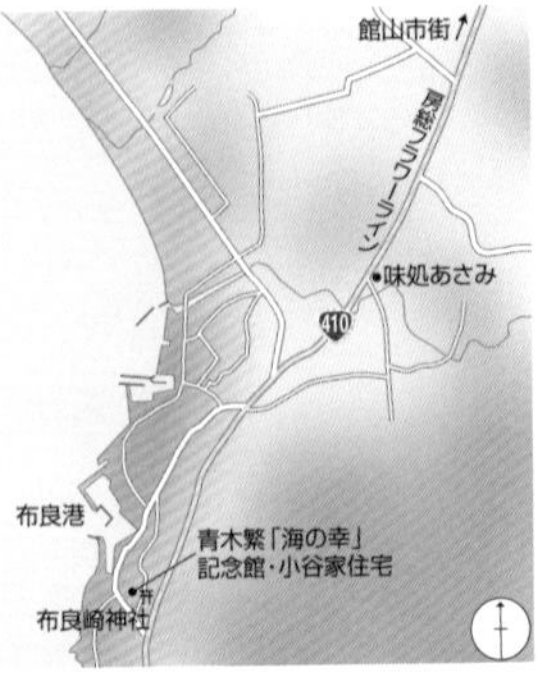

【周辺散策情報】

布良崎神社

車で国道410号線を店から3～4分走ると右手に「布良崎神社」がある（数台停まれる駐車場あり）。神武天皇の代に創建された古い神社で、正面に海を臨む。白い石造りの鳥居の間から、晴れた日には富士山が望め、景色が素晴らしい。境内には、狛犬や鯉の泳ぐ池などもある。釣りの大漁を願ってお参りを。

青木繁「海の幸」ゆかりの家

布良崎神社から2, 3分のところに、夭折した天才洋画家・青木繁ゆかりの建物「小谷家住宅」が修復・保存されている。青木は、明治37年の夏に坂本繁二郎ら画友とともにこの漁師の家に逗留し、代表作「海の幸」を描いた。現在記念館となり、開館は毎週土・日曜日の10～15時（4～9月は16時まで）。協力金一般２００円。

【周辺釣り場情報】

布良漁港

布良崎神社の真下が布良漁港。港内は堤防で四方を固めてあり、足場もいいのでファミリーフィッシング向き。アジのほか、ウミタナゴやクロダイ、小メジナなど。釣り場は広いが、アジが回遊してくると釣り人が押し寄せる。取材当日は、館山の街中からの釣り人が数人おり、夕マヅメの一発をねらっていた。港の界隈には、人懐っこい野良猫があちこちにいる。動物写真家・岩合光昭さんも取材に来たそうだ。

首都圏日帰り
地魚食堂
09

味ごよみ 宮田

【常磐・大洗】

茨城県

あんこう・どぶ汁鍋

七色の食感！
朱褐色のどぶ汁の中の
〝七つ道具〟を堪能

あんこう・どぶ汁鍋＝3500円より

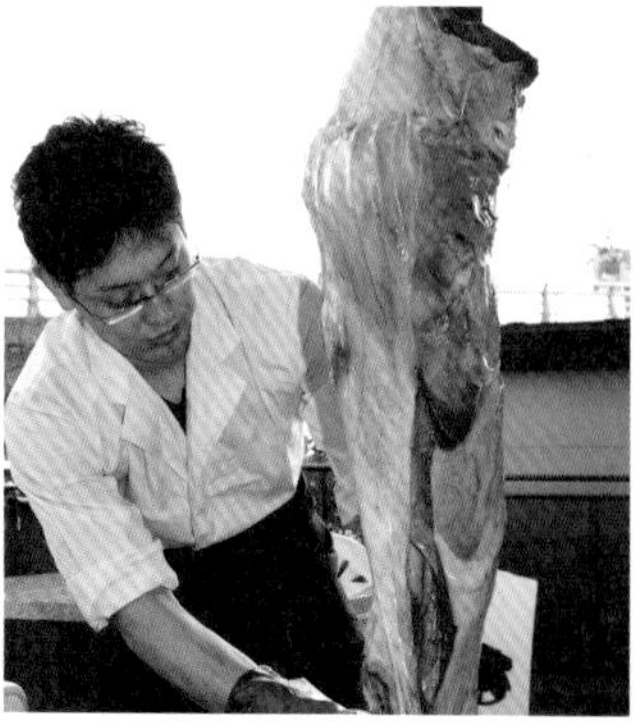

豪快な吊るし切り。次々に切り出されるアンコウの七つ道具

ガラス窓の外は、太平洋の寒風が吹き荒れている。

軒下に吊るされたアンコウ1尾。大きな口に鋭い歯、そしてクリクリ目玉。相撲取りで、下腹がでっぷりせり出しているのを〝あんこ型〟というが、眼の前のアンコウの姿形は、その語源を彷彿とさせるに充分だ。

「まだ、修業3年目です」という若い板前が、魚切り包丁を前後左右斜めと振り下ろす。北の海から届いたばかりの重さ12kgのアンコウは、たった15分で骨だけになった。

「いまはまだ津軽海峡産ですが、年が明けたら地元の常磐沖のアンコウになり、美味しさも一段と高まります」

と店主の宮田広宣さん。

通常のアンコウ鍋は肝を味噌に練り込んだ肝味噌仕立てだが、漁師の船上料理である「どぶ汁」は水も味噌も使わない。肝を包丁でたたいて鍋のヘチに塗り付けて煎り、80%が水分という生のアンコウと、そして野菜からでる水分だ

板場で下ごしらえに精をだす主人の宮田広宣さん。「アンコウは、ぬめりを丁寧に取ることで臭みがなくて美味しくいただけます」

七つ道具の中で主役を張るのは濃厚なるアン肝だ

けで煮る。

「しかし、それでは野性味はありますが、一般に食べるにはクサミなどの問題があります。うちでは、少量のだし汁を足し、また切り分けた〝七つ道具〟は霜降りにします」（店主）

アンコウの七つ道具とは、柳肉（身肉・頬肉）、皮、水袋（胃）、キモ（肝臓）、ヌノ（卵巣）、エラ、トモ（ヒレ）のことだ。

包丁で粗《あら》くたたいたアン肝を、おかみさんがフライパンに押し付けるようにして煎《い》る。鮮やかな朱を帯びた肝の油がにじみ出て、得もいわれぬ香ばしさが漂う。

土鍋にはアンコウの七つ道具と季節の野菜が行儀よく詰め込まれており、その上に煎ったアン肝を載せ、ふたをして点火。

しばらく待つ。この空白の時間も、鍋料理の楽しみの1つだ。ゴクリと、のどが鳴る。やがて、湯気がかすかに立ち、ゴトゴトと鍋が鳴りはじめる。

〆は雑炊にしていただく

【味ごよみ　宮田】

味ごよみ　宮田
［茨城県東茨城郡大洗町大貫町 256-488 ／☎ 029・267・0045］

地魚を楽しめる本物志向の和食ダイニング。地元の漁師も通う店。主人の宮田広宣さん（54 歳）は、素材選びと下ごしらえに時間をかける。魚市場はもちろん、野菜も農家や市場をめぐって自分の目で確かなものを選ぶ。今回の「どぶ汁鍋」でも、シュンギクやゴボウなど野菜の香り、歯ごたえのスッキリ感は秀逸で、料理の脇役や端役にまでしっかり目と包丁が行き届いている。
おすすめのメニューはほかにアンコウ鍋 3000 円〜、同コース 5000 円〜。アンコウ料理は例年 11 〜 3 月。海鮮丼 1800 円、宮田御膳（刺身、揚物、焼物または煮物、サラダ、小鉢）1900 円。季節ものとしては、シラス丼、小女子（こうなご）丼などが。常陸牛のステーキも。
◉営業時間：ランチ 11 時半〜 14 時半（土日祝は 15 時まで）、予約制。ディナーは 17 〜 22 時。
◉定休日：月曜日

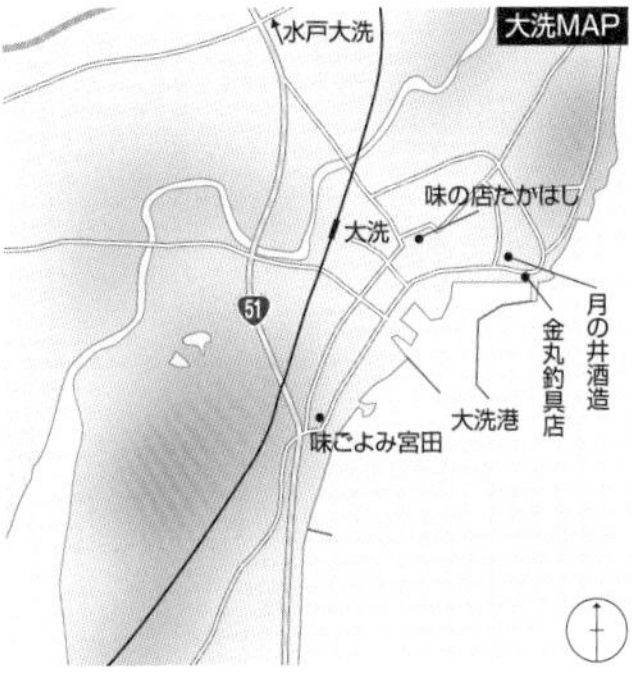

頃合いをはかって、ふたを開けると、湯気の中から、濃厚な風味がワッと立ち昇る。

さあ、幸せの始まりだ。

コリコリ、モソモソ、シャリシャリ、ジュルジュル、ニュルニュル、グリグリ、ツルツル、ザラザラ、プリプリ、フニャフニャ……。七色どころか、さまざまな食感が口中で踊り、暴れ、のたうつ。朱褐色に濁った〝どぶ汁〟の中を箸が右往左往して、埋もれた宝物を探り出しては、また口に運ぶ。

〆は、お決まりの雑炊。そのままで十二分に美味しいが「お好みで、ラー油を少し垂らしてみてください」（おかみさん）
絶妙であった。同行の女性カメラマンは、鍋底に残る飯粒の最後の1粒までつまみ上げて、ニヤリと笑って箸を置いた。

【周辺散策情報】

大洗の地酒「月の井酒造店」

（大洗町磯浜町638／☎029・266・2168）

慶応元年（1865）創業で、現在七代目の老舗蔵元。有機栽培の酒造好適米・美山錦を、日本三大杜氏を代表する南部杜氏の菊池正悦と蔵人たちによって仕上げられた「和（な）の月」は、米の味がする酒として人気。精米歩合80％（720ml／2189円）、同60％（同／2530円）。「月の井」純米吟醸（同／1815円）は、甘からず辛からず飲みやすい。また、純米吟醸「彦市」（同／1595円）はフランス人による日本酒コンクール“クラマスター”でプラチナ賞を獲得。ほかにも種類はいろいろ。自分好みを見つけよう。

ソウルフード・みつだんご「味の店たかはし」

（大洗町磯浜町884／☎029・267・3954）

大洗に来たら、絶対に食べたいのが「みつだんご」。大洗のソウルフードで、地元の人は、子供のころからみんな食べている。素材に米ではなく、小麦粉を使っているのが特徴。タコ焼きのような鉄板の型に入れて焼き、串に刺して甘ったるい蜜壷に浸けてきな粉を振ってある。モチっとした食感の割には、フワフワでお腹にやさしく、いくらでも食べられる。1本60円、5本300円。営業時間＝10～18時。定休日＝火曜日・第1水曜日

【周辺釣り場情報】

◉大洗港近くの「金丸釣具店」

（大洗町磯浜町333／☎029・267・5804）

大洗港内は工事中で「魚釣り禁止」の看板が各所にある。しかし、付近の磯や涸沼川ではシーバスなどが釣れている。詳しくは、大洗港に近い創業40年以上の「金丸釣具店」で情報を。エサ・釣具・ルアーなどの販売だけではなく、手ぶらで釣れる“レンタル”も受付中。店長の石田直也さんは大の釣りキチで、NHK番組で、あの“さかなクン”と共演し、一躍有名人に。地元の釣り場情報、エサなど、丁寧に教えてくれる。ちなみに大洗の町は現在アニメ「ガールズパンツァー」の舞台であり聖地。町おこしで各所に看板が立つ。

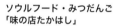

首都圏日帰り地魚食堂10

まるいち食堂

【三浦・三崎】

神奈川県

お好み地魚刺身盛り

純白のカワハギ、
真紅のアカサバ、
ピンクのクロムツ――
冬の旬魚が口中で蕩《とろ》ける

お好み地魚刺身盛り（時価）
※３～４人前の調理代込みで 6000 円余りだった

アカサバは、半身を刺身にして、もう一方の頭付きの半身は香ばしい塩焼きに。脂が爽やかで、骨までしゃぶりつくほどのおいしさだった

三浦半島の三崎漁港といえば、マグロである。周辺にはマグロを売りにする店の看板があちこちに掲げられ、のぼり旗が冬の海風にパタパタとはためいている。

港の細道を入ってすぐ、一軒家の2階全面を使った赤い看板が目を射る。「○に一」の白抜きのデザイン、「まるいち」食堂だ。

60年ほど前に魚屋として創業。観光客から「家まで持ち帰って調理するのは面倒、いますぐ、ここで食べたい」という要望が多く、それではと普通の民家にちょっと手を加えて、店頭の魚を調理して食べさせる食堂を併設。暖簾を出したのは10数年前である。

もちろんマグロも売りだが、この店ではやっぱり地の魚を味わいたい。

店頭には、アジ、メジナ、ホウボウ、クロムツ、ヒラメ、各種イカ、カワハギ、キンメ、タコなど、多彩な顔ぶれが発泡スチロールの箱の中ににぎやかに並んでいる。みな、すこぶる活きがいい。

この中から食べたい魚を自分で選ぶと、刺身だけで

巨大な明太子のような物体はマグロの卵。マグロの町、三崎ならではの水揚品

切れ味鋭い包丁さばきの妙

なく、煮たり焼いたり、お好みに応じて調理してくれるのだ。

「今日のおすすめは？」と聞くと、「この季節、絶対外せないのがコレ」と指差したのは、カワハギ。しかも、30㎝近い〝大もの〟。キモ和えが頭をよぎる。

そして、「きょうは珍しい魚が入ったよ。アカサバ、知ってる？」。

頭も胴体も尻尾も真っ紅なサバである。紡錘形の形がサバに似ているのでこの名で呼ばれ、学名はハチビキで、サバとは無関係なスズキの仲間。

もう1尾、「クロムツもゼッコーチョーだね」。

調理は店のスタッフにお任せした。

さっそく、目の前で魚がさばかれる。見とれるほど鮮やかな包丁さばきだ。

さて、隣の食堂のテーブル席で待つこと5～6分、大皿いっぱいに盛られた刺身が登場である。

前列向かって左はアカサバ。身は血の色を連想するような赤。右のピンクがかった白身はクロムツ。奥に控えている姿づくりが、主役のカワハギだ。薄めに包丁をひいた透き通った純白に、肝をたっぷりからませて頬張る――。身肉の淡泊と肝の濃厚とが融け合って、脳が蕩けていくような味わいである。

　アカサバもクロムツも、身肉のキメが繊細で、脂はサッパリとしていながら豊潤。これら三種の冬魚に甲乙丙の順位はつけがたいものがあった。

　なお、この店の名物的な魚になっているダツは当日漁がなく、残念ながら出会えなかった。

【まるいち食堂】

食堂の片隅でひなたぼっこをする猫

まるいち食堂
[神奈川県三浦市三崎 3-5-12 ／☎ 046・881・2488]

三崎の港近くにある魚屋兼食堂。店頭に並ぶ地魚は買って持ち帰ることもできるが、調理して食べさせてもくれる。その際、調理代は 1 品につき、刺身 250 円〜、焼き・ボイル 300 円〜、煮付け 350 円〜、大型魚 500 円〜が必要。また、ご飯･あら汁･お新香のお食事セットはプラス 400 円。たとえば、1 尾 1000 円のカワハギ 1 尾の刺身＋ご飯セット（1 人前）の場合、魚代 1000 円＋調理代 250 円＋ご飯セット 400 円で、合計 1650 円。魚選びや調理法は魚をよく知る店の人と相談しながら決めるとよい。
そのほか、各種セットメニュー、定食あり。※消費税別。
◉営業時間：11 〜 17 時（土・日・祝は 17 時半まで）
◉定休日：水曜日（不定期で火〜水連休あり）

【周辺散策情報】

海南神社

（三浦市三崎 4-12-11 ／☎ 046・881・3038）

三浦半島の鎮守様であり、三崎港の背後の山懐に鎮座。冬晴れの青い空に映える朱塗りの拝殿、龍の形をしたイチョウの木と龍神社、日本料理の祖といわれる磐鹿六雁命（いわかむつかりのみこと）を描いた大きな絵、源頼朝が手植えしたと伝えられる巨大なイチョウの木、包丁塚、狛犬、お守りなどを販売している社務所など見どころの多いパワースポットだ。大漁祈願も受けてくれる。

【周辺釣り場情報】

●城ヶ島の磯

城ヶ島の外海側は磯釣りの宝庫だ。冬はウキフカセで中小のメジナがねらえる。外道のアイゴも多い。当日は海からの強風が吹きつけていたが、それでも何人かの釣り人と出会った。写真は長津呂湾。荒れた日は、40㎝オーバーの大ものも期待大。

首都圏日帰り
地魚食堂
11

ワカメしゃぶしゃぶ

暗褐色が鍋に泳がせると、
一瞬にして黄緑色に！
春を呼ぶ〝海の有機野菜〟

レストラン KANEDA

【三浦・金田港】
神奈川県

ワカメしゃぶしゃぶ（おまかせB定食）／1500円

地魚と地野菜、地元の食材を多彩に配した「おまかせB定食」

窓の外は堤防に囲まれた波静かな漁港風景。その向こうは、冬の烈風に白く波立つ三浦半島の海。テーブルの土鍋からは、ゆらゆらと湯気が立ち昇っている。ザルに盛られた暗褐色の生ワカメを箸でつまんで、沸き立つお湯にサ～ッと泳がせる。と、その褐色が萌えるような黄緑に一瞬で色を変える。まるで手品のようだ。

すかさずお湯を切り、ポン酢にくぐらせてすするように口中へすべり込ませる。シャキシャキの小気味のいい食感。蕩けるようなやわらかさ。そして、鼻先を漂う濃い潮の香り――。

三浦半島金田湾の冬の名物「わかめシャブシャブ」である。

このワカメは、港の目の前の海に浮かぶ養殖筏で陽光を浴び、海水の天然ミネラル成分をたっぷりと吸い込んですくすくと育つ、まさに〝海の有機野菜〟である。例年、12月後半から収穫が始まる。

多くは天日干しにされ、干しワカメとして販売されるが、このレストランでは、朝獲れの生のワカメの食感・味・香りを味わってもらおうと、生のしゃぶしゃ

本日のフライ定食（800円）は、アジ・マグロ・アナゴだった

生ワカメは1.5mほどに成長する

ぶで提供。食べられるのは、漁期が終わる3月下旬まで。まさに、春を呼ぶ季節限定の海の恵みなのだ。

このしゃぶしゃぶは、「おまかせB定食」の中の主役である。料理の内訳は、刺身盛り、煮魚、かき揚げ、南蛮漬け、ご飯、みそ汁、お新香、そしてこのわかめシャブシャブ。ワカメ漁が終わった後は、サザエのつぼ焼きなどにとって代わる。

せいぜいみそ汁の具、あるいは海鮮サラダの具材の中の1つといった地味な存在にすぎないワカメだが、この場所・この時季のみ、刺身やてんぷらなどを従えて、堂々と主役を張っているのである。

そう思って食べると、興趣がいっそう増して、実に

【レストラン KANEDA】

レストラン KANEDA
［神奈川県三浦市南下浦町金田 2020-5　金田漁港漁業センター 2F／☎ 046・886・1721］

店主は元漁師で、10 年余り前にオープン。海が見える、鮮魚のおいしい店として家族連れ、夫婦、カップルに人気。もちろん金田湾でのボート釣りの釣り人にも親しまれている。
ボリューム満点のB定食、本日のフライ定食のほか、まぐろ丼 1000 円、本日の刺身定食 1000 円、刺身の漬けにメカブを乗せた海かけ丼 1200 円など。どれもリーズナブルでボリュームもたっぷり。
◉営業時間：11 時半～ 15 時 ◉定休日：月・火曜日

痛快な味わいである。

なお、このB定食の刺身はマグロ・ブリ・タコ・メカブの4種類。とくに、三浦のタコはやわらかく、メカブにはさりげなくユズの風味がきかせてあった。煮魚はブリ大根。地場産の大根にブリの味がしみわたり、煮加減も絶妙。かき揚げは、サクラエビと5種類の地場野菜。サラッと揚がっており、素材の味が生きている。南蛮漬けはアジで、酢がキリリときいている。

漁師風の荒っぽい料理かと思いきや、1つ1つの素材を大事にして、ひと手間、ふた手間かけていながらも、それを感じさせない自然で素朴な味わいに感服であった。

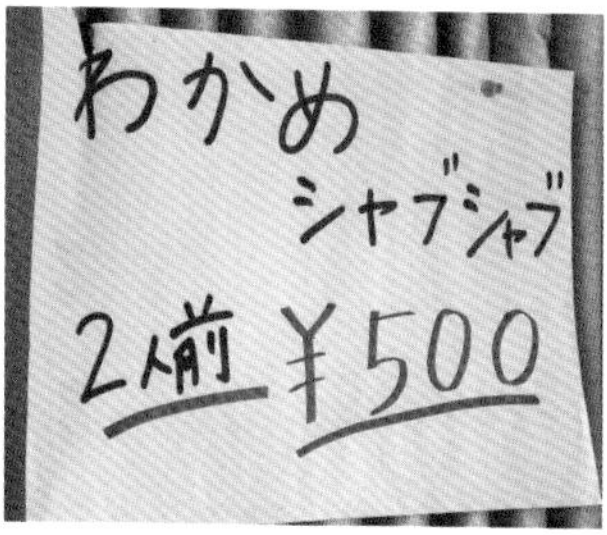

金田湾MAP

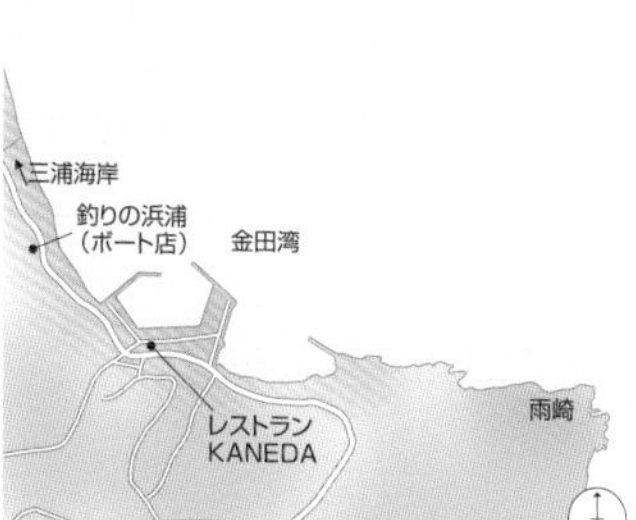

【お土産情報】

金田漁港朝市

レストラン KANEDA の店内では天日干しのワカメ（100 g 350 円）や茎ワカメ（同 300 円）が展示販売されていた。ワカメは湯通しして、ポン酢やワサビ醤油で。また、みそ汁や麺類の具材にも。茎ワカメは 15 分ほど茹でて、炒め煮や佃煮、きんぴらといった常備菜に。ワカメも茎ワカメもやわらかく、風味が強いのが特徴だ。

なお、レストランの 1 階では、毎週日曜日 5 時 50 分から「金田漁港朝市」が開かれる（7 時ごろまで）。当日の朝獲れのみなので何があるかお楽しみだが、この時期はカワハギ、アジ、イワシなど。生ワカメも販売される。また、ダイコン、キャベツなど三浦野菜も。早起きして出かけたい。なお、朝市開催日はレストランも、通常営業に加え、6～8 時にも店を開く。

【周辺釣り場情報】

金田湾

金田漁港は釣り禁止。隣の金田湾はボート店が 2 軒あり、営業は 3 月半ばから。春の海はマコガレイが有望で投げ釣りでもねらえる。金田湾のお隣の三浦海岸では渚からのウキフカセ釣りでクロダイが釣れる。特に乗っ込みシーズンは期待がもてる。

さしみ盛定食

朝からガッツリ！伊豆の厚切り旬魚の5点盛りが豪勢に登場！

ふしみ食堂

【東伊豆・宇佐美海岸】

静岡県

さしみ盛定食＝1300円

「地元ごはん定食」(1000 円) はアジの干物がメインだった。素朴ながらあたたかい味わい

ガラガラッと引き戸を開けると、店内にはテーブルが３つ、無雑作に配置されている。その小ぢんまりした空間には、どこか家庭的なぬくもりが漂っている。むかし、幼いころに流れていた♪狭いながらも楽しい我が家〜……と唄うエノケンのメロディーが、耳もとに甦ってくるような雰囲気だ。

暖簾を掲げて46年。

「32歳の時、旦那と２人で東京から出てきて、知り合いもいないこの地で店を開いたんですよ」

旦那さんはすでに亡く、割烹着姿で細腕を振るうおかみさんは、もうすぐ80歳に手が届く。「忙しい週末は娘や息子が手伝いに来てくれて、なんとかお客さんをお迎えしているんです」

伊豆の海沿いの国道に面した観光地にありながら、地元感があふれる店構え。メニューも当然、宇佐美や伊東の港に揚がる旬の魚がメインになる。

早朝７時から店を開いており、ライダーやサイクリストに常連客が多い。朝からガッツリ食べるには、これが一番というわけで「さしみ盛定食」が人気。さし

折りしもこの日は春の嵐の大シケだった

細腕を振るう 78 歳のおかみさん

みと定食の間に「盛」という漢字が1つ入っている。

しかも、舟盛りである。あの北斎の浮世絵「神奈川沖浪裏」のビッグ・ウェーブに果敢に挑み、木の葉のように浮沈する、そんな勇壮な小舟に、地元の港に揚がった魚の厚切りが5点盛りなのだ。折りしも取材日は、春の嵐で海は大荒れであった。

その厚切りの刺身は、どれも切り口がキリリととがっている。

クニュッとした歯ざわりで濃い味のスルメイカ。同じような赤色だが、微妙ではあるが明らかな色の違い、輝きの違いを見せるハマチ、イナダ、マグロ、そしてカツオ。どれも身肉の中に、歯がスーッと侵入していく感覚が痛快だ。この4種の赤身魚の味は、最初はそれぞれ身肉のやわらかさとか、脂の乗り、ニオイなどの違いが感じられるのだが、食べ進むと混とんとしてくる。

ただし、この時季のカツオだけは明確に味を区別できる。サラッとサッパリ味なのだ。これが、江戸っ子が好ん

【ふしみ食堂】

ふしみ食堂
[静岡県伊東市宇佐美 2850-4 ／☎ 0557・47・0082]

熱海方面から R135 を伊東方面へ。左手に駿河湾の海を眺めながら行くと、伊豆急・宇佐美駅へ入る交差点を過ぎたあたりの右手に「ふしみ食堂」の看板が見える。店の前が駐車場。店を切り盛りするおかみさんは、今年 78 歳。もてなしはそっけないが、その仕草にはあたたかみがにじむ。ほかに、あら煮定食 1000 円など。
◉営業時間 : 8 時〜 19 時半。土日祝は 8 〜 10 時、11 時半〜 13 時 45 分、17 時半〜 19 時半　◉定休日 : 不定休

だ〝初鰹〟の、ちょうど脂の乗り始めという淡泊さなのであろう。

　これからの季節は、マダイやイサキといった白身魚も交じってくる。

　小鉢の煮物は、まさにおふくろの味。最後は、デザートのわらびもちで〆る。そのしっとりとやさしい甘さが、口中にゆっくりと広がっていく。

　この「さしみ盛定食」とともに、もう1つの看板メニューである「地元ごはん定食」のメインはアジの干物。身には脂のうま味がしっかりしみ込んでおり、焦げた皮の香ばしさもあり、絶妙な焼き加減であった。

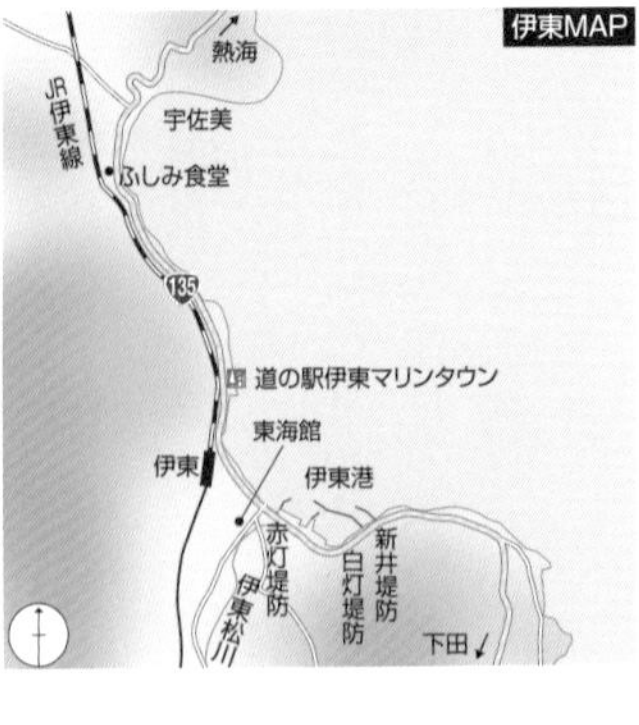

【観光情報】

木造３階建「東海館」

伊東の温泉街を流れる松川沿いに威風堂々の姿で建つ木造３階建ての「東海館」。大正〜昭和の温泉豪遊の風情を今に残す温泉旅館遺産ともいうべき建物で、創業は昭和３年（平成９年廃業）。
材木商が金に糸目をつけずに建造したもので、内外の高級木材を惜しみなく使い、当代一流の建築職人、彫刻師たちが技の粋を披露。贅を尽くした和風建築の極美を体感。玄関口の彫物、各部屋の奇木や流木の飾り、障子や飾り窓の数奇なデザイン意匠。120畳の大広間、増設された望楼からの圧巻の眺め……。総タイル張りの大浴場もあり、土・日・祝祭日には日帰り入浴も。
静岡県伊東市東松原 12-10（☎ 0557・36・2004　第３火曜日定休。入館料＝大人 200 円。入浴料＝大人 500 円（営業は土・日・祝祭日の 11 〜 19 時。男・女で大浴場と小浴場交代制）

【周辺釣り場情報】

◉伊東港

伊東港は堤防釣りの宝庫。熱海方面からだと、まず赤灯堤防、白灯堤防、そして新井堤防と３つの釣り場がある。メジナ、クロダイ、メバル、ウミタナゴ、アジ、シロギスなどが、季節に応じて釣れる。初心者にも釣りやすい。春休みの週末はファミリーでにぎわう。また、工事中だったり、立ち入り禁止の場所もあるのでご注意を。取材当日は、大シケで釣り人は皆無だった。

小田原丼

1日15食限定（土日は30食）！
小田原漆器の容器に、
相模湾の新鮮旬魚が満杯

魚市場食堂

【西湘・小田原漁港】

神奈川県

小田原丼＝ 1850円

店長の鈴木絵梨佳さん。明るく元気な性格で店内を活気づかせている

箱根湯元温泉を流れ下る早川の河口西隣に展開する小田原漁港。その魚市場には、地元相模湾ばかりか、伊豆や和歌山方面からの鮮魚も入荷。場内では、あの独特の姿形の荷物運搬車・ターレ（ターレー・トラック）が愛嬌をふりまき、イケスからは水がザーザーとあふれ、発泡スチロールの箱の中には競《せ》りを終えたばかりのブリやサワラ、サバやイカなどが行儀よく並んでいる。

食堂は、その市場内の奥の階段を上った2階にある。店内は広い。壁のあちこちに、おすすめメニューの手描き文字が踊っている。1階の市場のイケスで泳いでいた魚の名もある。自動販売機の前に立って、メニューの多さに目が迷う。

お目当ての「小田原丼」を見つけ出した。1日限定15食の希少メニューだ。

小田原丼は、小田原市の活性化プロジェクトの一環として２００９年からはじまったご当地丼。小田原の新鮮食材を使い、伝統工芸品の小田原漆器に盛り付けるなどが義務付けられ、現在市内21店舗で提供。

さて、きょうはどんな魚が舌を楽しませてくれるの

甘辛く煮た「イカ煮」（時価、500円前後）。ご飯がすすむ味付けだ

か——。

　堅牢で質実な小田原武士の風格が漂う漆塗りの丼。その縁から魚がはみ出すほどの大盛りで、いまにも跳ねて飛び出しそうである。

　どれから食べるか。今度は箸が迷う。

　右手前のピンクから。モチっとしてやわらかく、濃厚な甘さが広がる。皮が赤く、これはキンメである。左端の白く透明なのは、モチっとしていて歯ごたえがあり、サッパリした甘み、ヒラメだろう。

　次、真ん中のこま切れ赤身はコリッとして、淡泊。血合いの濃さから見ても、たたいたアジに違いない。奥の淡紅色の身はイナダか、ワラサか。時期的にはイナダであろう。右奥で透明に輝いているのは、これは……。噛んでも味わってもよくわからない。

「ああ、それはウマヅラハギですよ」

　と店長の鈴木絵梨佳さん。荒くれの海の男たちや、気むずかしい調理職人たちにもまれながら、この店の舵をとるのは簡単ではなかろう。明るさと元気さが、店内を活気づかせている。

　まだ、味わい残しが沢山ある。

【魚市場食堂】

魚市場食堂
[神奈川県小田原市早川 1-10-1／☎ 0465・23・3818]

開業して約 50 年。早朝から働く市場関係者や漁師さんのために、朝７時から営業。お腹いっぱい食べてもらおうと、ごはんは大盛り無料。獲れたての新鮮な、旬の地魚が味わえるとあって、近隣客はもちろん、遠く山梨県や埼玉県方面から車でやってくる客も多い。ほかに刺身と卵焼きの「港の朝定食」800 円、刺身と魚フライの「港の昼定食」1550 円、また「金目煮定食」1250 円、「お刺身定食」1350 円など。その日の水揚げによる限定単品もあり、取材当日は「イカ煮」（時価、500 円前後）が。漁師風の甘辛煮で、ご飯がすすむ味付けだ。
◉営業時間：10 ～ 15 時（一般客） ◉定休日：水曜日（魚市場の休館日に準ずる）

甘エビ、ホタテ、ヤリイカ……。ご飯とネタの間には、釜揚げシラスが敷きつめてある。最後に、アジの尾頭付き骨せんべいにしゃぶりついて終了。ああ、そして、つみれのみそ汁の〝つみれ〟の味も捨てがたい。

【旬の情報】

港の朝市

小田原魚市場では、毎月第2・4土曜日に、「港の朝市」を開催している。約50年前から続いており、鮮魚をメインに、干物やかまぼこ、地元の野菜などが並ぶ。朝7～10時まで。なお、第4土曜日は小田原漁協で獲れた魚介が販売され、6時から整理券を配布、9時から販売開始。第2土曜日開催は、陸送鮮魚や水産加工品がメインで、整理券不要。8時半から販売。野菜や干物などは両日とも午前7時から販売。

小田原といえば「かまぼこ」

港から車で5～6分早川左岸沿いを車で走れば、小田原かまぼこの老舗「鈴廣蒲鉾本店」がある。ここの鈴なり市場では、さまざまな種類のかまぼこを販売。一番の楽しみは、試食！　一口サイズのぷちかま、人気のあげかまなど。また、いろんなかまぼこを肴に、ビールをグイッの「かまぼこバー」も。レストランもある。
無料駐車場完備。営業時間＝9～18時。☎0465・22・3191

【周辺釣り場情報】

◉早川港

港湾整備が続いており、釣り禁止の場所もあるのでよく確認してサオをだすこと。港内では、ウキ釣りで小メジナやチンチン、サビキでアジなどがよく釣れる。港の東側の砂浜に早川が流れ込んでいるが、この流れのスジは小メジナの絶好ポイント。流れに乗せてウキを流していくと、連続してアタリがでる。砂浜ではシロギスも釣れる。

真いわし漬丼定食

観音食堂
丼屋七兵衛

【外房・銚子港】

千葉県

魚通を唸らせる
異次元の味わい
青魚のメタリックな輝きが
食の官能を刺激

真いわし漬丼定食＝1180円

「極上さば寿司」は１尾700ｇ以上のサバを処理し、天然の塩ダレに浸して臭みを抑え、旨味をより引き出している

銚子港の昨年（２０１７）の水揚げ量は28万７９０トンで、２位の焼津に約13万トンの大差をつけて、７年連続日本一。ところが水揚げ高、すなわち売上は、４位と低迷している。理由は、水揚げのほとんどがサバやイワシ、サンマといった大衆魚だからである。

その銚子港の青魚専門店を標榜するのが、今回訪ねた『丼屋七兵衛』である。折りしも、脂のたっぷり乗った〝入梅イワシ〟の季節。名物の「真いわし漬丼」にかぶりついた。

銚子港の水揚げの５～６割はサバだが、その次に多いのがマイワシ。これを漬けにして、丼ご飯の上に大ぶりの２尾分がびっしりと敷き詰めてあり、白髭ネギやカイワレ大根、海苔の細切りなどがたっぷり盛ってある。

その香味野菜や海苔の間から垣間見えるマイワシ

社長の清水さん（写真右）とシェフの中岡さん。特許を取得したという塩ダレを使った青魚の料理はとろける旨味を追求している

の、皮を引いた後の青銀色のメタリックな輝きが、食の官能を強烈に刺激する。

まず、その青銀色の、イワシにしては分厚い身を箸でつまんで口中へ。歯ごたえと甘さが蕩ける。まさに、異次元の味わいだ。

次に、ご飯とともに頬張る。ご飯は酢飯ではない。しかも、温かいというか、むしろ熱い。海鮮丼でこれほど熱いご飯を使っているのはあまり経験がない。しかし、これがよく合う。新鮮なイワシの刺身を、炊き立てのご飯で食べているような、清い味わいが口中に広がる。冷たい酢飯では、こうはいかない。

熱いご飯であるにもかかわらず、青魚特有の臭みは全く感じない。

「特製の天然自然の塩ダレに浸して臭みを抑え、うま味をより引き出しているのです」

こう言うのは、銚子港の青魚を多くの人に食べてもらおうと、〝銚子うめぇもん研究会〟を立ち上げ、この店を運営す

【観音食堂　丼屋七兵衛】

る清水俊和さん。この塩ダレの製法は特許を取得してある。

食べる寸前に銚子の濃口醤油にさっと漬け込んで丼飯の上に敷くのである。

定食に付くつみれ汁や小鉢の煮物も、淡いながらしっかりと素材が生かしてあり、身体がなごむような味わいであった。

青魚メニューのもう一つの呼び物は「極上さば寿司」である。1尾700g以上の「極上サバ」を処理し、やはりあの特許の塩ダレで締めてある。その身は熟成しているのに新鮮さを失っていない。

観音食堂　丼屋七兵衛
［千葉県銚子市飯沼町 1-26 ／
☎ 0479・25・3133］

銚子港に大量に水揚げされるサバ、イワシ、サンマなど青魚を地元で食べてもらおうと、大震災に見舞われた 2011 年にオープン。特許ダレの開発により、青魚が異次元のおいしさと評判で、週末の昼時は混雑必至。なお、醤油は銚子伝統の濃口醤油を料理に合わせて各種使用。店内の内装やテーブル、イスなどは、清水さんらスタッフの手作り。
メニューはその他、名物観音ちらし 1800 円、マイワシのなめろう 750 円、赤まんぼう漬丼 950 円、各種刺身 700 円〜など。ご飯や汁物の付く定食も各種あり。
◉営業時間：10 〜 20 時
◉定休日：水・木曜日

《入梅いわし祭》
銚子うめぇもん研究会が中心となって、6月 15 日〜7月 31 日に「入梅いわし祭」を開催。『丼屋七兵衛』でも期間中、脂の乗った入梅イワシのコース料理（刺身、なめろう、漬丼など 8 品）を 3000 円の特別料金で提供。ただし、必ず電話などで予約を申し込むこと。

【銚子のお土産】

つる弁菓子舗「長崎かすていら」

（千葉県銚子市飯沼町 1-24 ／
☎ 0479・22・1144）
『丼屋七兵衛』の２軒隣にある老舗の手作り菓子店。創業は江戸後期で、６代目の現店主はカステラ造りに誇りと情熱を持つ。卵の黄身がたっぷりの「長崎かすていら」が名物。しっとりとした重みがあり、大粒ザラメの甘さとカリカリ感がレトロな味わいをかもす。保存料など一切使用せず、食べ方、とくに保存方法は口酸っぱく指導。注文ごとに切り分けて販売。一番小さいサイズ 650 円〜。真空保存のお土産用にも対応。営業時間は９〜19 時（売り切れしだい終了）。

創業は江戸後期。昔ながらの製法だ

【周辺釣り場情報】

◉銚子港

広大な銚子港は、各所に隠れたポイントがある。港内の利根川の汽水域エリアは足場がよく、１日のんびり楽しめる。釣果はこれからの季節はハゼやアナゴなど。秋になるとハゼをエサにヒラメが釣れる。外港ではアジやイワシが回る。また、『丼屋七兵衛』の釣り好きシェフ中岡成仁さんによれば「銚子マリーナ」の堤防が一番のおすすめ。イシモチ、メジナ、クロダイ、シマダイ、フッコが釣れる。

首都圏日帰り
地魚食堂
15

おまかせ刺身定食

**釣り好きの主人が釣った
イサキを炙りと刺身で。
イナダやメジナも釣りたて**

磯料理うえの
【熱海・初島】
静岡県

おまかせ刺身定食＝2000円

メジナも店主の釣りたて！

店主の萩原利美さん。おいしいものをおいしく食べてもらおうという心遣いが随所に表れている

「今朝も、船でちょっと釣ってきました」

店主の萩原利美さん（57）はそう言って包丁を握り、まな板の上の生きのいいイサキを軽やかにさばく。初夏の初島の海は、イサキの魚影がすこぶる濃い。今の時季の「おまかせ刺身定食」のメインは、このイサキに決まりだ。

3枚におろし、皮付きの片身を炙ると、生きもののように反りかえる。これを氷水で締める。ひと口大に切り分けられたその皮目には包丁がひとスジ入れてあり、切り目から血合いの真紅が妖しくのぞいている。口中に運び、歯を入れる。弾力のある皮。皮と身の間のうま味がにじむようにあふれ、あぶり香がプーンと鼻に抜ける。

スタートから、いきなり食の官能はトップギアである。

もう一方の片身は皮を引いてあり、さわやかな脂の乗った旬のイサキの真骨頂を味わえる。1尾で2度おいしいとは、このことか。

ほかに、イカ、イナダ、メジナ、アマエビが器で味を競い、殻付きのサザエも横に控えている。

もう一品おすすめがイカゲソ肝焼き。太陽の季節に合う濃厚な味わいだ

「イナダとメジナもきょう釣れたものです。メジナは、ヅケ（漬け）にしてゴマを振ってみました」

主人の、おいしいものをおいしく食べてもらおうという心遣いが随所に表われている。たとえばサザエのワタである。これは甘酢に漬けて、殻付きのサザエの刺身の横の別鉢に目立たないように添えてある。ひと口にも満たない臓物にも、このように珍味としての活躍の場が与えられているのである。

また、普通なら刺身の彩りは大葉であろうが、島の名産であるアシタバの、しかもやわらかな新葉を使っている。この、さわやかな緑とくせのない苦みが刺身を一段と引き立てる。

まだある。

「小鉢のポテサラの具は自家製なんですよ」

魚は船で釣り、ジャガイモやニンジンなどの野菜は自家栽培。まさに、地産地消ならぬ〝自産自消〟。メインの刺身は、秋～冬にはメジナやタカベになる。

さて、もう一品という向きにおすすめしたいのは、「イカゲソ肝焼き」（単品５００円）である。イカの肝を味噌・醤油・酒で溶き、ゲソと合わせてサッと焼

【磯料理うえの】

磯料理うえの
［静岡県熱海市初島 217-2 ／☎ 090・6127・2682］

初島航路の港近く、海に面した道路端に軒を並べる初島食堂街の中ほどにある磯料理の店。主人は大の釣り好きで、小型船を港に繫留しており、冬は岩場でメジナ釣り。自己最大は 45㎝。タカベは通年よく釣れるそう。奥さんと２人で切り盛りしており、注文を受けてから調理に取りかかる。

メニューはほかに、本日の焼き魚定食、同・煮魚定食が各 1400 円、イカ丸焼き定食 1500 円、イカ刺身定食 1300 円。どんぶり三昧 2000 円は、地魚丼＋磯のり丼＋イカ丼と３種のミニサイズ丼を味わうことができる。

熱海発着の高速船で初島へ。航程は約 30 分。熱海始発は 7 時 30 分、初島最終は 17 時 50 分。大人往復 2640 円。メジナの良型は実績充分。これからの季節は青ものもねらいめ

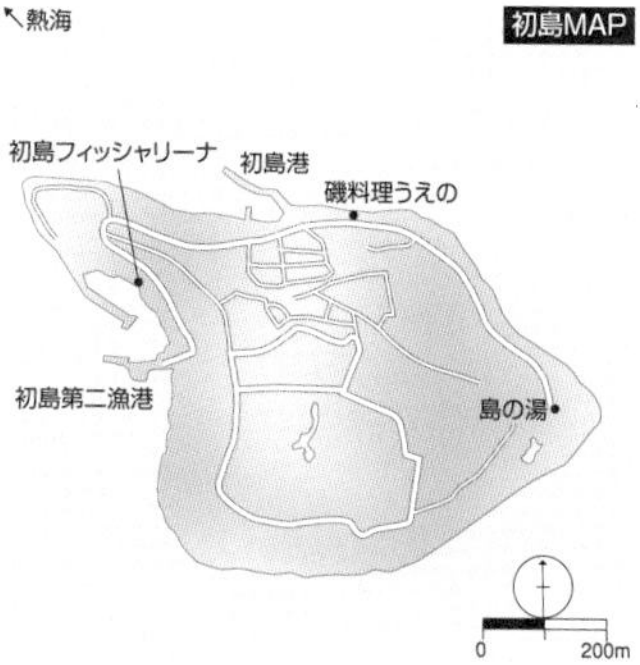

いたもの。肝とゲソの織りなす粗野だが濃厚な味わいは、夏の日差しと潮風に当たった後の、冷えたビールに最高。ご飯にかけても、やっぱり最高！

【初島のお土産】

地場産！　天然の「生ところてん」

初島といえば、「ところてん」である。港に着いてすぐ、食堂街の入口にあるのがお土産の「やまさ」。その主人が言う。「うちでは初島の天草を干して、混ぜ物いっさいなし天然100%の生ところてんを自家製造して試食販売しています」。その味は、スーパーなどで買うものとは全く違い、まさに本物のおいしさ。ところてん好きにはたまらない。2人前タレ付き510円。ほかに、メジナの干物なども。

☎0557・67・1413

【周辺釣り場情報】

こんなタカベが港の堤防から釣れる

◉港でタカベやメジナ。貸しザオもある

初島へは、熱海と伊東からフェリー便があり、どちらも片道約30分弱の手軽さ。港の堤防では、平日にもかかわらず釣り人が鈴なりでサオをだしている。タカベは15～20㎝余りが、いい人で30尾くらい。ほかに、20㎝余りのイサキ、小メジナなど。エギングも有望。

なお、手ぶらで行って、ちょい釣りをという人は、港内にある初島漁協のレンタルザオを利用。エサ付きで、2時間1200円。ノベザオなので、大ものが掛かったら苦労するが、タカベ程度なら問題はない。

営業時間は7時半～16時半／水曜日定休／☎0557・67・1405

首都圏日帰り
地魚食堂
16

煮魚定食

大皿にキンメが
丸ごと1尾。
お得感がハンパない

海の隣の隠れ家　宵

【真鶴・真鶴港】

神奈川県

煮魚定食＝ 1400円

刺身四点盛り定食は1400円。この日はメジマグロをメインにカンパチ、アジ、スルメイカと地魚が盛りつけられていた

差し出された名刺に「海の隣の隠れ家　宵」とある。真鶴漁港の魚市場前の駐車スペースをはさんで、数軒の干物店などが肩を寄せ合って並んでいるが、その一角に暖簾を掲げる。まさに海の音がちゃぷちゃぷ聞こえてきそうなロケーションだ。

入口は狭いが、中は2部屋あって意外にゆったりしており、壁面にはメニューや大漁旗などがにぎやかに貼り付けられている。

「〝宵〟という店名は、〝良い〟とか〝好い〟〝善い〟、それに〝酔い〟〝今宵〟の意味をこめてあります」とマスターの宮川勇太さん（36）。真鶴漁師の家に育ち、代々「秀宝丸」という漁船を保有。「親父の釣った魚、真鶴とその周辺の魚を食べてもらいたくて、15年ほど前にオープンしました」という。

どこかの名店で料理修業したとかの経験はない。土地の先輩などに教えを乞うなどして研究を重ね、独自の味を極めている。なので、肩書は「料理研究家」である。

その若き料理研究家が作る「煮魚定食」が評判な

真鶴の景勝地で磯釣りのＡ級ポイント「三ツ石」。潮通しがよく良型メジナに青ものと多彩な魚が釣れるが、干潮前後のみ渡ることができるベテラン向きの釣り場

真鶴漁師の家に育ったマスターの宮川勇太さん。独自の味を探究。地魚を愛する若き料理研究家

のだ。

煮魚といっても、素材は高級魚のキンメダイである。この料理研究家の作るキンメの煮付けには、キンメだけではなく、ほかの魚のアラも一緒に煮付けて、一緒に大皿に盛って提供。

煮汁はつぎ足しではなく毎日新しく調合し、注文を受けてこれを鍋に注いでキンメとアラを投入。中華で使うような高火力のガス火で、煮るというより煮沸させる感じで一気に煮上げるのが秘訣。

注文して約10分、大皿にはみ出んばかりのキンメがぎょろりと目をむいている。箸で身をほぐして口中へ。トロトロに煮込んでいないので、身にキンメの白身独特の清涼感が残り、それでいながら味はしっかり付いている。アラからのうま味がキンメに移り、淡泊な身に深いコクが出ている。

骨にしゃぶり付き、目ん玉のコラーゲンもしっかりいただき、4塊ほどのアラも食べ尽くした。

【海の隣の隠れ家　宵】

「残り汁をご飯にかけて食べたり、残った頭や骨にお湯をかけて骨酒ならぬ〝骨湯〃を飲み干して帰られるお客さんもいますよ」

小鉢の切り干し大根とヒジキの煮物は素朴で、お椀のあら汁は豪快な味わい。とにかく、ハンパないお得感である。

店を出ると、真鶴の夏の海が青く光っているのであった。

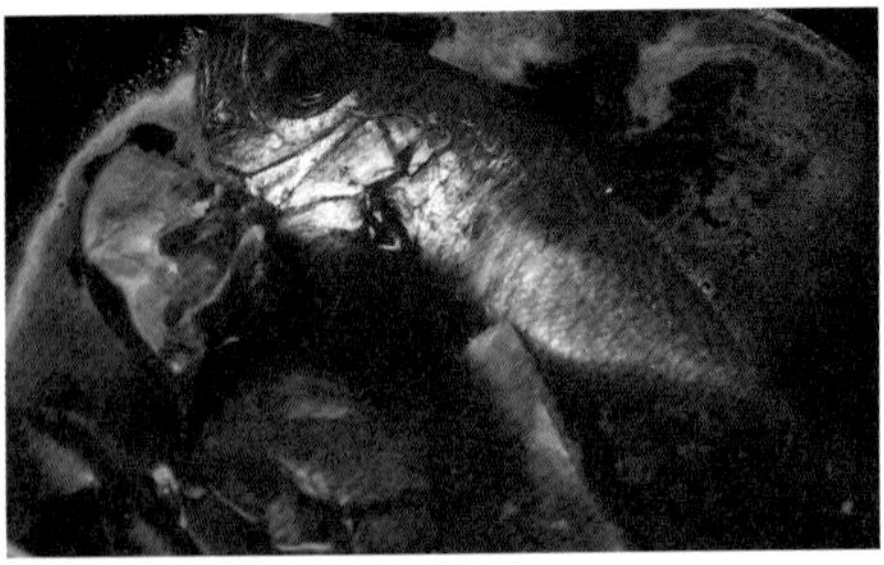

海の隣の隠れ家　宵

［神奈川県足柄下郡真鶴町真鶴1947-3／
☎0465・68・1600］

ランチ時、店の前の駐車場には、品川ナンバー、山梨ナンバーなど県外の車が並ぶ。居酒屋営業では地元の漁師や老若男女が三々五々集まり、毎夜にぎやかな地魚酒場という雰囲気になる。そのほかのおすすめは、刺身四点盛り定食1400円。この日は、「隣の福浦港の定置網で獲れた60㎝のメジマグロ」をメインに、カンパチ、アジ、スルメイカだった。また、1日10食限定の海鮮丼1000円、煮魚・焼魚・刺身の魚三昧定食3000円なども。

◉営業時間：11～14時/17～23時

◉定休日：火曜日のほか、第1・第3水曜日

【見どころ】

中川一政美術館

（神奈川県足柄下郡真鶴町真鶴 1178-1 ／☎ 0465・68・1128）

豪快で荒々しいタッチと豊潤な色彩。観る者の心に生きるエネルギーを与えてくれるような洋画家、中川一政（1893 〜 1991）の油彩、水墨岩彩、書など 650 点を収蔵。火野葦平『麦と兵隊』、向田邦子『あ・うん』などの書籍の表紙絵も味がある。観覧料＝大人 600 円。開館時間＝ 9 時半〜 16 時半（入館は 16 時まで）　定期休館日＝水曜日（祝日の場合開館）、年末年始。

【周辺釣り場情報】

真鶴漁港の船着き場から、小ものがお手軽に釣れる。当日、台風近接にもかかわらず地元の釣り人がサビキ仕掛けで、小メバル・小メジナ・シマアジなどを釣っていた。秋にはハゼも食ってくる。半島全体にメジナの好ポイントが点在。半島突端の三ツ石はゴロタ石で危険だが、真鶴半島での磯釣りのメッカ。夏休みには、子ども連れで磯遊びも楽しい。

鮎定食

釣り人もナットクの良質鮎づくし

民宿・お食事処
まるや
【南丹市・美山町】
京都府

鮎定食＝2200円（A）、2500円（B）

写真＝月刊『つり人』編集部

鮎定食は塩焼きと南蛮漬けのほか、小鉢２品・冷奴などが付く

ふるさと日本の原風景のような京都・美山町（南丹市）。そのタイプスリップしたような山里をひっそりと流れる美山川。昔から、アユの名川として名高い。美山川のアユは姿形、食味の良さで、京都の夏の風物詩である川床の主役を張る。釣りたての、美山川ブランドのアユを庶民的な値段で食わせてくれるのがこの店である。

アユ料理といえば、何といっても塩焼きである。

注文を受けると、おかみさんは裏手のイケスに急ぐ。そして、元気に泳ぐアユを網で手早くすくい上げる。跳ねるアユの胸には、金星が鮮やかに輝いている。これに踊り串を打ち、魚焼き用のグリルで焼き上げる。

「今シーズンからグリルを新しくして、それまで20～30分かかっていたのが、約15分で仕上がるようになりました」（おかみさん）

ご主人が12年前に他界し、それ以降、毎年夏にはアユを焼き続けている。

冷えた麦茶を飲みながら、焼き上がりを待っていると、厨房から不審な音が耳に届く。断って厨房に入ら

別注文の鮎素麺は夏らしい
清冽な味わいだ

おかみの中野ふじえさん（右）と、スタッフの長野久栄さん（左）は気心の知れた長年のコンビ

せてもらうと、真っ赤なグリルの中で、アユが炙り焼きにされており、脂が焼け落ちて燃え上がる「ボッ」という音が響いているのであった。

山深い美山のアユは脂の乗りがひときわで、それを炙ると脂がにじみ出てポタポタと落下し、これがグリルの熱で燃え上がっているのだ。脂のうま味が身肉全体に回っているわけだから、これがまずいはずはない。

皿上のアユは褐色に焼き色がつき、所々に塩が粉雪のように降りかかっている。背ビレや尾ビレには朱色の縁取りが残り、天然ものであることをしっかりと主張している。鮮やかな焼き上がりだ。

頭、背中、あるいは腹の、どこにかぶりつい

民宿・お食事処　まるや
[京都府南丹市美山町中上前３６／☎0771・77・0011]

もとはかやぶきの里で「弥七」という屋号の旅館業を営んでいて、現在のおかみさんのご主人の代になって現在地に。12年前に他界した主人に代わり、おかみさんが息子さんとともに腕を振るう。アユ料理は９月初旬まで。鮎定食のほか、単品の塩焼き1100円、天ぷら1100円（小２尾）、鮎素麺1150円、背越し1300円（背越しはハリ傷の小さい極上アユを使用し、息子さんが調理するが、この日は不在のため食べ損ねた）がある。アユ料理は消費税別。また、アユ料理は仕入れ状況で用意できない場合があるので事前予約を。ほかに、地鶏の親子丼990円など。麺類も各種ある。冬はぼたん鍋6500円が名物。宿泊は１泊２食１万円〜で、鮎フルコースの宿泊プランは１万5000円。オトリ・遊漁券販売もしている。
◉食事処の営業時間：11時半〜18時半　◉定休日：第２・４火曜日

【民宿・お食事処　まるや】

ても、その味わいは完璧であった。すべらかで淡い甘味さえある身肉、極上の苦みの腸《はらわた》、濃厚な肝臓、噛むほどに骨の味わいが深まる頭、ヒレや尾ビレはパリン、パリン――。

食べ終わってはたと気がついたのだが、アユの塩焼きにつきもののタデ酢が添えてあることをすっかり忘れていた。タデ酢不要のおいしさといったら、お叱りを受けるだろうか。

注文を受けると、イケスからアユをすくい上げる

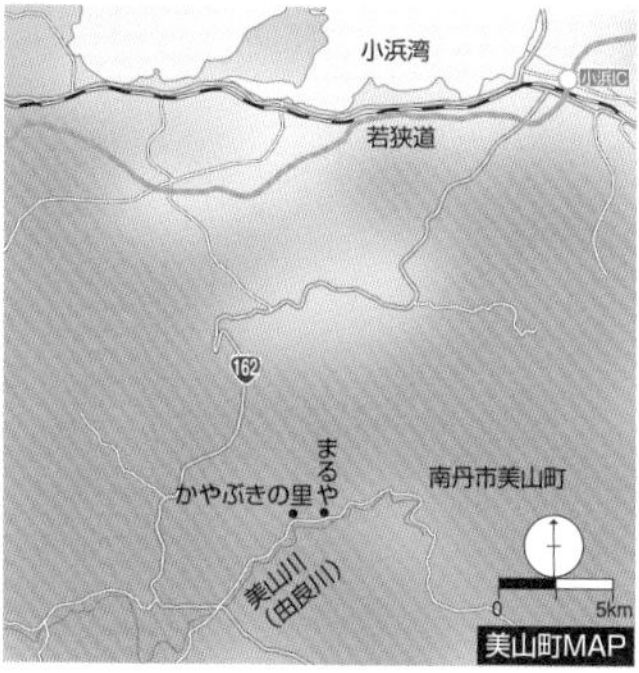

【見どころ】

かやぶきの里

美山川沿いには多くのかやぶき民家が現存しており、いまも生活を営んでいる。中でも“北集落”には40軒近くが山の麓に建ち並び、日本の田舎の原風景を伝えている。夏の夕暮れには、カナカナとヒグラシの鳴き声、晩夏にはトンボの群舞など幻想的だ。食堂やカフェもある。

【周辺釣り場情報】

◉美山川のアユ釣り

香り高い美アユ河川として知られる美山川。流れは穏やかで釣りやすい。友釣り専用区あり。また、アマゴ釣りも有望だ。問い合わせ＝美山漁業協同組合／☎0771・75・1188（河川情報TELサービス）

地魚刺身定食

ボリュームたっぷり！
一切れ一切れが
大きくて分厚く、
新鮮で色鮮やか

みなと食堂

【真鶴・福浦漁港】

神奈川県

地魚刺身定食＝時価（2500 円以下を目安に）

とくとく定食は、カサゴの唐揚げがメイン。これにシラス丼とカマスなどが付く。カサゴは頭からガブリで、カリッカリ。2180円

正面に初島、左に大島、右手には伊豆半島。波はおだやかで、海鳥が海面すれすれを飛び交っている。

「ほら、海鳥が飛んでいる下に点々とブイが浮かんでいるでしょう。そこに定置網が仕掛けてあって、お客さんに提供するのは、ここで獲れた朝獲れの魚がメインです」

店長の石井彰次さん(54)は、目の前の海を指差しながらこう話す。

東日本大震災の年(2011)の7月にオープンした「みなと食堂」は、福浦漁港の倉庫小屋を改築した板張りで、潮風にさらされた古板なども所々に使われている。その〝倉庫小屋〟のアプローチに沿って、海の見える自然木のカウンター席が設けてある。秋や春のおだやかな日には、ここが特等席である。

水揚げされた魚は福浦漁港で選別されて小田原の市場で競りにかけられる。が、この店では、その市場に運ぶ前の魚を真っ先に品定めして買い取る。小さな漁港なのでこれだけでは足りず、小田原と真鶴漁港にも出向いて仕入れる。

店長の石井彰次さん。お客さんに提供するのは、目の前の定置網で獲れた朝獲れの魚がほとんど

「毎日、10種類以上の魚を食べてもらえるように努めています。しかし、漁獲は毎日変わり、価格の変動も激しくて、まあ、だからこそやりがいもあるんですけどね」(石井さん)

手に入る魚は日々異なるので、メニューの内訳も日々異なる。だから、メニューは毎日、セッセと手書きである。

取材当日の「地魚刺身定食」の内訳は、アオアジ・カマス・クロムツ・ホウボウ・マダイ・キハダマグロの6種類。相模湾で獲れる旬の盛り、旬の走り、旬の名残りの魚たちが、特大の皿に所狭しと盛られて出てきた。これで一人前! 一切れ一切れが、大きくて分厚くて新鮮で、色鮮やかで、神々しいまでの光彩を放っている。

もう、海の景色なんか目に入らない。

コリコリ・ウムウム・ムグムグ・キトキト・グリグリ・サクサク……。

何か夢を見ているような時間が過ぎて、箸を置いたときにハッと現実に戻される。満足感と満腹感で悄然と余韻にひたっていると、潮風がプーンと香りを残し

【みなと食堂】

みなと食堂

[神奈川県足柄下郡湯河原町福浦浜 109-2 ／☎ 0465・20・7005]

真鶴半島と湯河原の境にある福浦漁港。その敷地内で営業する地魚料理の店だ。平日でも行列必至で、人気メニューには開店早々に「品切れ」のシールが貼られることがしばしば。魚は朝獲れがほとんどで、刺身のほか煮物、焼き物、天ぷらと多彩に調理。定食はいずれもボリューム満点。写真で紹介したメニューのほかに、生メカジキのあら煮・サバの塩焼き・おまかせフライ・おまかせ刺身の「みなと定食」2100円などがあった。
◉営業時間：11 ～ 15 時 ◉定休日：水曜日（月に二度、火・水連休あり。要確認）

て吹き過ぎてゆくのであった。

「いやあ、魚も景色も、うまかったなあ」と帰りの車中で写真家女史に同意を求めると、「えっ？ プロのライターのくせに、そんな月並みな感想なんですかァ」と手厳しく突っ込まれたのであった。

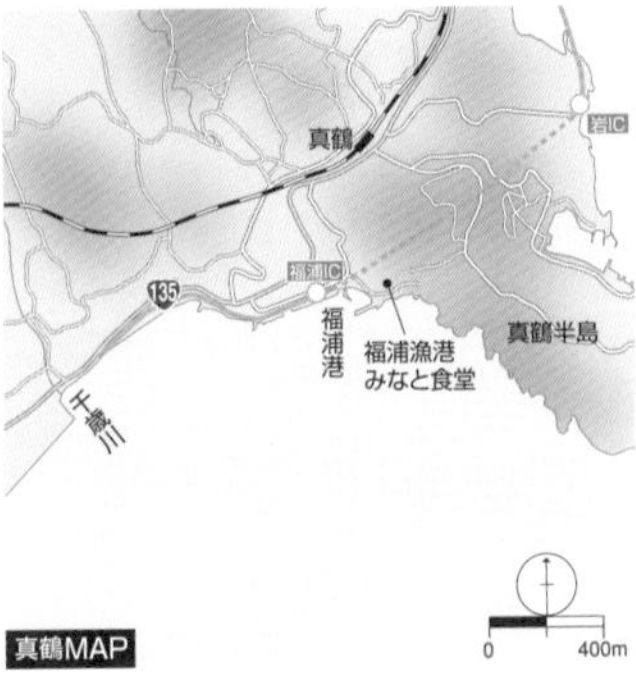

真鶴MAP

【見どころ】

万葉公園

湯河原の温泉街のほぼ真ん中、千歳川と藤木川の合流点上に展開する自然文化公園。意外に水量があって迫力満点の滝見物のあと、渓流に沿って自然豊かな文学の小径を歩く。湯河原ゆかりの国木田独歩などの碑があり、途中、野生のサルがたむろしたりしていて､それなりに楽しい。抹茶（菓子付き､500 円）が楽しめる万葉亭などがある。

サルもお出迎え

足湯を楽しめる独歩の湯は、残念ながら令和２年３月末で閉園。万葉公園も令和３年３月まで整備工事のため休園

【周辺釣り場情報】

福浦漁港には堤防が２カ所あり、外海に面した赤い灯台のある堤防には立ち入り禁止の看板が。この夏の台風で、先端部分が壊れて危険だ。西側の小さい堤防には立ち入り禁止の看板はないので釣り可能。エギングのほか小アジ、小イワシなどが。チョイ投げでシロギスも。駐車料 1000 円。千歳川ではアユも釣れるが、川幅が狭いので短ザオで。

首都圏日帰り
地魚食堂
19

多津味
【南房・館山】
千葉県

パスタ磯風味

サザエの煮汁を
使ったオリジナル
〝磯ソース〟。
濃厚・豊潤な香味に
鼻が唸る！

パスタ 磯風味＝990円

人気の磯定食は、アジのたたき＋地タコ＋サザエの壺焼き、それに小鉢・ご飯・みそ汁付きで 1650 円

「安房の西岬《にしざき》夕暮れて／味の多津味に灯がともる／粋なさかなにうまい酒／店の灯りは懐しく／人の情もあたゝかい」

誰の手によるものか、妙に心をわしづかんでくる壁の色紙の文句に目をやりながら、料理の出来上がりを心待ちにする。

どんな、味だろうか。

初めての店での期待感は、封切り映画の開演を待つ身に似ている。

突然、プーンと心地のいい磯の香りが漂ってきて、その後に従うように注文の料理が運ばれてきた。「磯風味」なるメニュー名で、何やら魚料理を連想させるが、正真正銘のパスタである。

冒頭の色紙のベタな演歌風の文句とはちょっと違和感がある。大漁旗が飾られた店内の雰囲気にもそぐわない。小料理屋風の外観、染め抜きの暖簾ともギャップがある。しかし、二代目の金子健幸さんは西洋レストランの元シェフだったと聞いて納得だ。

もとは父親が築き上げた店だが、平成12年に現在の形に改築。それを機会に健幸さんは生まれ育ったこの

二代目の金子健幸さんは西洋レストランの元シェフ。
サザエの煮汁をパスタのソースに使うアイデアがひらめいた

地にUターンし、父子で厨房に入ることになった。

新鮮な地魚が自慢の店に、自分なりの売り物をと試行錯誤していた時、父親が大量につくるサザエの濃厚な煮汁が目に止まった。

一帯の海岸はサザエのもぐり漁が盛んである。これを殻付きのまま、大鍋に満杯にして煮上げるのだが、この残った煮汁をソースに使うアイデアがひらめいたのだ。このままでも磯香は強いが、注文を受けてから青海苔の佃煮を加え、ニンニク、唐辛子などで味を調整。緑褐色の豊潤な磯香のオリジナル・ソースが出来上がる。

パリパリの刻み海苔とともにパスタをフォークで持ち上げる。新たな香りがフワッと鼻口を刺激する。歯ごたえのある麺のコツコツ感。のどの奥から逆流してくるような磯香が口中で渦を巻き、混沌として鼻が唸りを上げる。

薄切りのサザエの身肉のすべらかなサクサク感もまたたまらない。

皿のパスタを食べ尽くしても、ソースはたっぷり残っている。これをフランスパンで、イヌが舐めるよ

【多津味】

多津味

［千葉県館山市香 216-2 ／☎ 0470・29・1645］

館山市西端部の西岬（にしざき）地区には、いくつかの小さな漁港がある。主人は毎朝５時起きで、香・坂田・波左間といった各港をめぐり、その日に揚がった旬魚の仕入れに奔走する。これからはカワハギや子持ちのスズキなどが最盛期を迎え、ほかにアジ、ムツ、カマス、メジナなどが。「ここで出すマグロ以外の魚介はほぼ 100％西岬のものです」（二代目）。魚介系のメニューは、ほかに黒潮定食 3520 円（刺身盛り＋アジたたき＋天婦羅＋サザエ壺焼き）潮騒定食 2420 円（刺身＋天婦羅＋サザエ壺焼き）、さんが焼き定食 1320 円、焼き魚定食 1430 円〜など。洋食系は、ハンバーグステーキ 1100 円、ビーフシチュー 1540 円など。※いずれもライス、みそ汁など付き。

◉営業時間：11 時半〜 13 時半 /17 〜 21 時　◉定休日：水・木曜日のお昼

酒の肴がズラリ

うに丹念に、ひとすじも残すことなくすくって食べるのがまた愉しい。

洋食はほかにビーフシチュー定食１５４０円などが。もちろん、磯定食１６５０円など地魚メインの刺身や煮魚などにも定評がある。

遠来の客はもちろん、地元民にも愛されており、夜は「粋なさかなとうまい酒」でにぎわう。

【立ち寄り処】

海のマルシェたてやま

（千葉県館山市館山 1564-1／☎ 0470・28・4926）

“渚の駅”たてやまに併設の地野菜・地魚、それに地元で評判のケーキや土産物などを販売する産直マーケット。農作物では、いま掘りたての殻付き落花生や芋が旬。落花生は1袋 500 円ほどで、殻付きのまま塩ゆでにするとビールがすすむ。大根や白菜なども。地魚は、キンメダイ（中～小型）が 600 円前後～とお手頃。アジは大漁の日には1尾 100 円以下になることも。隣には、西岬の海に泳ぐさまざまな魚の水槽もある。２階にはカフェやレストランも。営業時間＝11 時～14 時半（平日）、11～15 時（土日祝）。定休日＝年中無休

獲れたての地魚が並ぶ

【周辺釣り場情報】

◉香（こうやつ）堤防

「多津味」から海岸方面へ至れば、すぐに香の小さな港に出る。海に向かって左手の小堤防は足場がよくて釣りやすく、ファミリーフィッシング向き。チョイ投げでシロギス、ウキフカセやサビキで小メジナなど。アジ、クロダイ、フッコなども。冬季にはヒラメ、冬～春にはサヨリも釣れる。春や秋の連休には家族連れで大にぎわいになるそうだ。さらに西へ下れば波左間堤防、坂田堤防があり、同様の魚種がねらえる。

日日食堂

【西湘・大磯】

神奈川県

新鮮なヒラマサの漬けどんぶりセット

ワサビの代わりに葉ニンニクのヌタ。ニュータイプの〝漬け丼〟に舌も躍る

※注：取材後日、メニュー等が大きく変わり、現在は昼（2800円）、夜（3500円）のコース料理のみの提供となっている

「地魚の竜田揚げ」はふわふわ&しっとり。1350円

湘南・大磯。

浜まで歩いて十数分の国道沿いの奥まった地に、この店は陽だまりのようにひっそりとたたずんでいる。古い電気部品工場をリノベーションしたという店内は、天井が高く、昔の田舎家のようでもあるし、またモダンでシャレていて、日常からちょっとトリップして、異空間へ迷いこんだようでもある。

オープンキッチンからは包丁がまな板をたたくコンコンという音や、カチンと食器のふれあう響き、スタッフの働く気配がリズミカルに伝わってくる。飾り気のない広いガラス窓からは、外光が惜しみなく侵入し、光と影の絶妙な自然空間をかもしている。

すべてが、作為的であるようでいて、それでいてとても自然で素直で嫌味がない。この感覚は、料理にもあてはまる。

たとえば「地魚の漬けどんぶり」。当日の魚はヒラマサである。漬け丼に、地物の香味野菜が添えてある。箸を入れてご飯と切り身の漬けを口に放り込む。と、いつもの醤油っぽい漬け丼とは全然違う。さっぱり爽

天井が高くモダンでシャレた店内

こだわりの漬けダレに仕込んだ熟成されたヒラマサの切り身。代表の坂間洋平さんの調理はひとつひとつが丁寧

やかで、そのうえコクがあって、ナマ魚の風味がジワリとにじみ出てくる。

「魚はしっかり下処理をして熟成させ、切り身を漬けるタレには、味噌だまりといって、醸造味噌の上澄みを寝かせた醤油を使います。この醤油と割るのは味醂や単なる日本酒ではなく、アミノ酸が多くて素材の旨味が生きる純米料理酒を使います。このタレにサッと漬けて盛るので、漬け丼ですが魚の新鮮なおいしさをしっかり味わっていただけます」（代表の坂間洋平さん）。

そればかりではない。漬けに欠かせないワサビの代わりに、〝葉ニンニクのヌタ〟が抜擢されているのには驚いた。葉ニンニクと白味噌、酢などを合わせてす

【日々食堂】

日日食堂

［神奈川県中郡大磯町大磯 55 ／
☎ 0463・71・5741］

戦後すぐに建てられた電気部品工場をリノベーションして 2014 年にオープン。食堂だけではなく、「昔からの手仕事や知恵を取り入れて暮らしを豊かに」をコンセプトにした“暮らしのアトリエ”も併設。ここには、本場のじゅうたんの展示販売や漆工房などがあり、地域のコミュニティー・ギャラリーとしても親しまれている。

※注：取材後、メニュー等に変更があり、現在は完全予約制で昼、夜ともにお任せ料理のコースのみの提供となっている（昼＝ 2800 円、夜＝ 3500 円）。

◉営業時間：昼=11〜15 時 / 夜=18 〜 22 時
◉定休日：月・火曜日

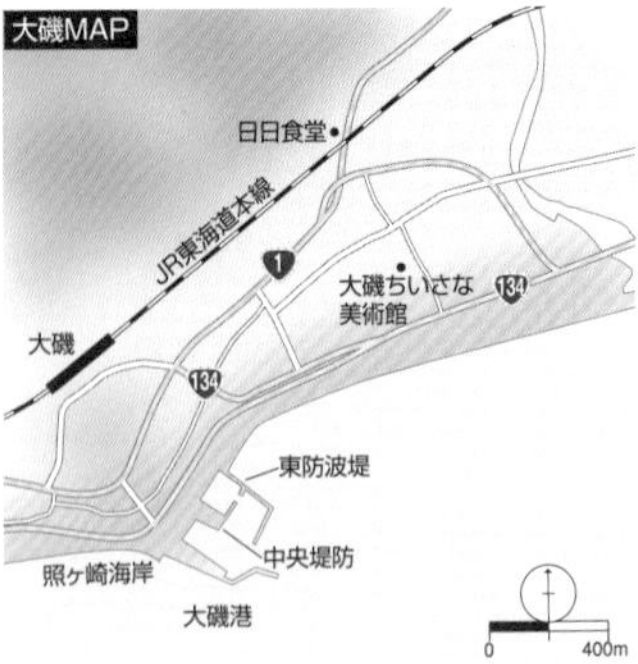

りつぶしてあり、「魚の臭みを消し、風味をいかす効果がある」（前出の坂間さん）のだ。

　ごはんの味も、漬け丼の必須要素である。ここでは、土鍋で炊き上げており、粒はしっかりと立ち上がり、ふっくらとした噛みごたえで甘みがある。また、小鉢の2品は地物野菜のおばんざい風。みそ汁代わりのだしスープは、かつお節のだしが上品に香り、ほっとするような味わい。

　もうひとつ、「地魚の竜田揚げ」も注文したが、当日はサワラとサバで、まさに大磯港の秋の旬魚の競演。これにも、三枚におろした身を50℃の湯にさらして臭みをやわらげるなど独自の工夫と丁寧な下処理がほどこされ、ふわふわ&しっとりに仕上げてある。

【立ち寄り処】

大磯ちいさな美術館

（神奈川県中郡大磯町東町 2-8-26 ／
☎ 0463・61・2971）
画家であるオーナーの尾崎俊雄さん（72）が、2004 年に自宅を改装してつくった私設ギャラリー＆カフェ。尾崎さんは、画家の故永田一脩氏の弟子でもあり、永田氏の絵画も所蔵。また永田氏は、磯のイシダイ釣りの大家だったことでも知られ、愛用していた６本継ぎの磯釣り用竹竿も保管されてある。イベントとして、ミニコンサートや絵画展も随時開催。コーヒー 350 円。営業時間＝ 10 〜 17 時／定休日＝水曜日と第３火曜日

立ち寄り処の「大磯ちいさな美術館」の一コマ。自作と師匠・永田一脩の作品に囲まれて写真に収まるのはオーナーで画家の尾崎俊雄さん

【周辺釣り場情報】

◉大磯港

都心から車で１時間余り。安全な釣り場として休日はファミリーで大にぎわいである。駐車場からすぐの東岸壁や中央堤防は、サビキで小アジやイワシ、チョイ投げでシロギスやカレイなど。場所や時間帯によってはクロダイも。東防波堤はウキフカセでクロダイや小メジナ。

港の東側の大磯海岸は、その昔、まだリールが普及していないころ、「おおなわ」釣りという伝統の釣法が盛んだった。西側に隣接する照ヶ崎はクロダイの渚釣りで実績が高い岩礁帯になっている。

首都圏日帰り
地魚食堂
21

おさしみ御膳

獲れたての
相模湾の旬の地魚が、
刺身と天ぷらになって
お手頃値で登場！

鎌倉魚市場・電車通

【湘南・鎌倉】
神奈川県

おさしみ御膳＝800円

もう１つの人気メニュー「煮魚御膳」の魚はキンメダイであった。
これにも地魚天ぷらなど１セット付いて 800 円

江ノ電（江ノ島電鉄）は、鎌倉の海が間近に見えたり、民家の軒先スレスレを走ったり、トンネルがあったり、急カーブがあったりして、乗っているだけで楽しい路線である。そして江の島駅〜腰越駅間は、道路の真ん中を車や人と一緒にこのレトロな電車が走る唯一の路面走行区間。

ピンクの暖簾が風に揺れる「鎌倉魚市場・電車通《でんしゃどおり》」という風変わりな店名は、その路面走行区間にあることに由来。カウンター席5席のみで、いつも行列ができている。カウンターの中でてきぱきと調理するおかみは、電車通りをはさんだ真向いにある「鎌倉魚市場」という神奈川県指定のれっきとした魚の卸売市場のおかみでもある。

「魚市場は昭和の初めに開業し、いま4代目。江の島をメインに、平塚、大磯などの港に揚がる相模湾の魚を主に扱っています。食堂は、食卓にはなかなか載らない朝獲れの相模湾の地魚を地元の人や観光客の皆さんに味わっていただきたい」がコンセプト。であるから、「海が荒れて水揚げのない日が続くとお休み」になる。

てきぱきと調理するおかみさんは「鎌倉魚市場」のおかみでもある

腰越港から江の島を望む

平日のランチは、おさしみ御膳と煮魚御膳が人気だ。取材当日のおさしみ御膳の刺身はアジとメジマグロ。「きょうはこれが一番脂が乗っていて、おいしいはず」ということで選ばれた。

アジの刺身には、格子状に切り込みが入れてあり、その淡いピンクの身はぱっくりと裂けている。

「アジは鮮度がいいと身が縮みますから包丁目を入れますが、そうすると身がパッとはじけるんです」

そのはじけた身から脂がにじみ、裂け目が透明な脂でキラキラ輝いている。ギュッと噛むとサクッと歯がとおり、アジの身肉から甘みが流れ出てくるようだ。

メジマグロは、クロマグロの幼魚。幼魚とはいっても、天然の本マグロの幼魚。プリプリの身肉には爽やかな脂が乗って〝舌妙〟。

「これから冬がさらに深まると、ヒラメやブリなどがメインになります」

この定食には、第2の主役ともいえる天ぷらも控えている。天ぷらのネタは地場ならではの3種類。当日は、ヒメダイ、アオリイカ、そしてかき揚げ。ヒメダイは上品な白身の高級魚として知られ、小さいヒメダ

【鎌倉魚市場・電車通】

鎌倉魚市場・電車通

［神奈川県鎌倉市腰越 3-21-1／☎ 0467・31・1131］

江ノ電が車や人と一緒に行き交う路面走行区間にあるので、この店名が付いた。たまに、鉄道趣味の人が勘違いして来ることもあるとか。鎌倉魚市場直営店であり、地元客が多い平日と、鎌倉・江の島観光の客が多い土日とでは、メニュー構成が異なる。
平日は本文で紹介したようにお得なランチ定食。土日祝日は「朝獲れ地魚海鮮御膳」（1000 円）というセットメニューのみ。海鮮丼とあぶりキンメのだし茶漬けが味わえるとあって、こちらも大人気。20 ～ 30 食限定で、10 時半ごろから食券を配布。
◉営業時間：11 時半～ 14 時半（なくなりしだい終了）
◉定休日：不定休

イは業者にとっては雑魚の部類だろうが、味にそれほど変わりがあるわけではない。ジューシーで、豊潤な味わいだ。

アオリイカは身に厚みがあって、サクッと爽快に歯が通る。かき揚げのネタは、地場のアカモクとシラス、そしてタマネギの混成部隊。カラッと揚げてあり、衣が薄いのでシラスやアカモクの味がしっかり感じられる。

お腹いっぱいで外に出ると、時代遅れのおもちゃのような電車が、ゴトン・ゴトンと我がもの顔で通りの真ん中を過ぎてゆく。

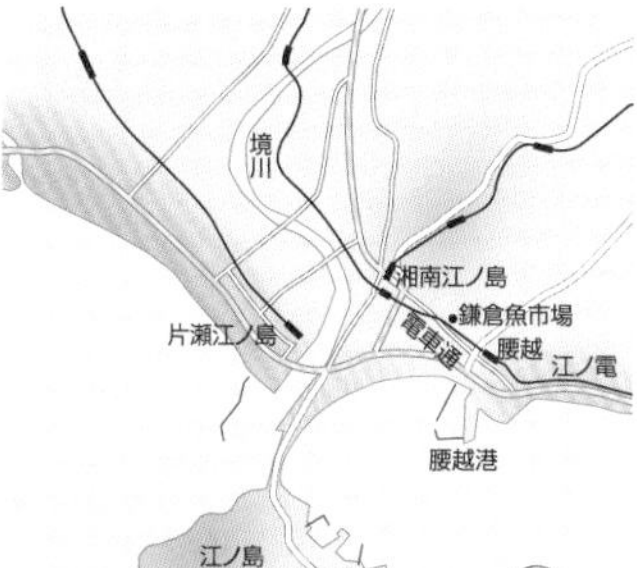

江ノ島MAP

【鎌倉魚市場】

鎌倉魚市場

「電車通」の向いにある業者が買い付けに来る魚市場。一般販売も大歓迎で、地魚海鮮丼600円は、堤防釣りや投げ釣りなどの弁当用におすすめ（平日限定。昼までに売り切れることが多い）。朝獲れ刺身1パック（各種500円前後）もどうぞ。鮮魚や干物もあり、自家製ハナダイの干物3枚1000円（1枚400円）など。釣れない時のお土産はココで仕入れよう。11～17時（品物なくなりしだい終了）。

【見どころ】

江の島には水族館や日帰り温泉がある。また、島内めぐりも面白い。意外に奥が深く、ハイキング気分で楽しめる。また、古都・鎌倉のブラブラ歩きもおススメだ。鶴岡八幡宮や杉本寺、報国寺、長谷寺など江ノ電に乗って由緒ある寺を訪ねるのもいいだろう。

【周辺釣り場情報】

◉腰越港

江の島を目の前に臨む絶好のロケーション。そのうえ、穴場なのか釣り人が意外に少ない。昔は小さな漁港だったが、埋め立てて再開発されて広くなった。木っ葉メジナやクロダイ、シロギス、それにウミタナゴなどがねらえる。テトラのある外洋側ではメバルなども。

タコ飯

シンプル・イズ・美味！
ご飯の1粒1粒に
地ダコのうま味が
しみ込んでいる

那珂湊漁協加工直売所　魚食楽

【常磐・那珂湊】

茨城県

タコ飯＝350円

B級グルメ「那珂湊焼きそば」は、地タコ入りで400円。麺は太麺でふんわり

「那珂湊の漁師のお母さんたちが集まって4年前にオープンしました。店名は〝魚食楽〟と書いて〝さくら〟と読みます。地元に水揚げされるおいしい〝魚〟を〝楽〟しく〝食〟べていただきたいとの願いがこもっています」

現在8人いるスタッフの中で、中心的な役割を担っている根本経子さんはそう言って、手慣れた手つきで獲れたての冬の味覚、ムシガレイに出刃を入れる。

那珂湊漁港といえば、観光グルメ施設〝おさかな市場〟がよく知られているが、そこから少し離れた静かな場所に暖簾を掲げている。

店内には、そのお母さんたちによる作りたての地魚や地野菜の総菜が並べてある。いずれも1パック３５０円中心のお手頃価格。客は好みのパックを購入し、持ち帰るか、テーブル席で食べる。天気のいい日は港の岸壁に出て、海を見ながらひなたぼっこランチも。周辺にはチョイ釣りに格好の堤防があり、〝釣り弁〟としての人気も高い。

旬魚メインなので陳列の総菜は季節によって変わる

調理場をあずかる根本経子さん（62）と根本としさん（79）

が、通年の人気メニューもある。それが、「タコ飯」だ。毎朝、漁師の船を沖へ送り出したお母さんたちが、お米を研ぎ、地ダコを切って、タコの煮出し汁で炊き上げる。そして、プラスチックのパックに詰めてふたを輪ゴムで留めて売り場へ。

作り方や味に飾りがなく、いたってシンプルである。これが、実にいい。漁師風味といえば甘辛で濃いものと決まっているが、調味は最小限にとどめてある。ご飯の1粒1粒にタコの旨味が染み渡っており、噛むほどに味わいがにじみ出る。身のやわらかさも特

サンマのつみれ汁200円。常磐沖で獲れるサンマを手作りでつみれに仕上げてある

【那珂湊漁協加工直売所　魚食楽】

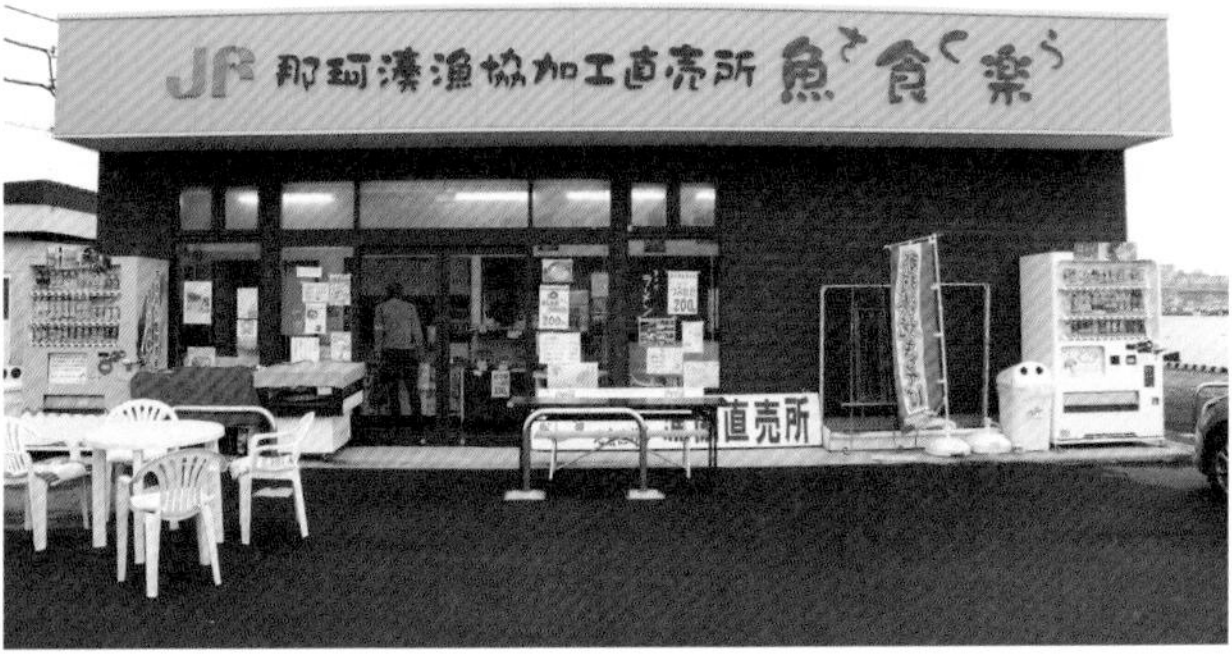

那珂湊漁協加工直売所　魚食楽

［茨城県ひたちなか市和田町 3-11-11 ／☎ 029・262・9006］

平成 26 年 11 月にオープン。那珂湊の漁師のお母さんたちが、浜に上がった地魚を調理して販売。保存料や化学調味料などは極力使用せず、素材の味を大切にがモットー。地元のファミリーやお年寄りに愛され、もちろん堤防釣りにやって来た人たちにも重宝されている。ほかに、味付けつぶ貝（350 円）、骨せんべい（200 円）、地ダコ（100g350 円）、干物なども。

◉営業時間：10 〜 15 時

◉定休日：月〜木曜日（祝日は営業）

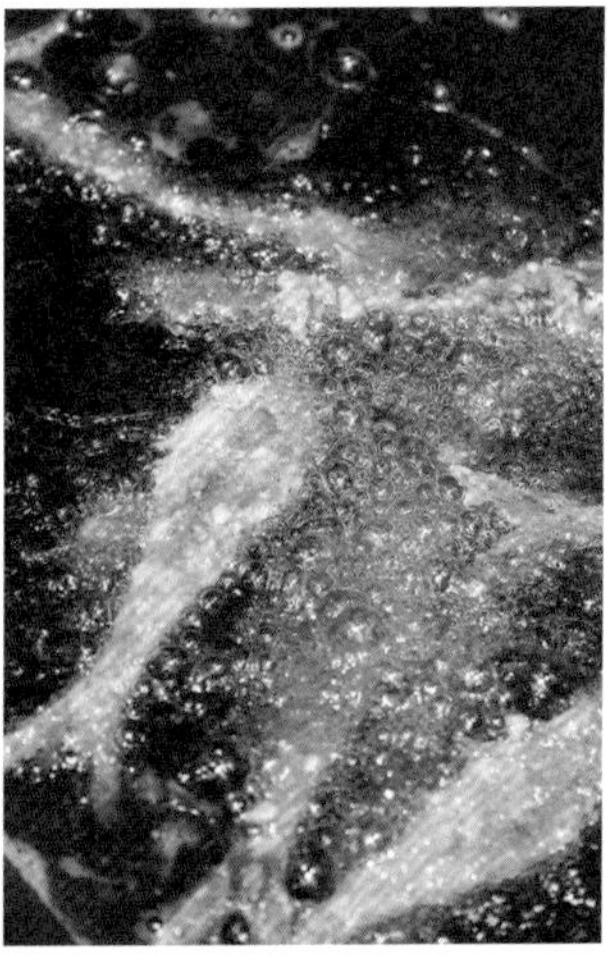

筆もので、吸盤の食感がカ・イ・カ・ン！

　このタコ飯のお供に欠かせないのが、できたての「つみれ汁」だ。常磐沖で獲れるサンマを手作りでつみれに仕上げてある。サンマといえば秋であるが、「タコもほかの魚もそうですが、調理場にマイナス40℃の急速冷凍庫を備えているので、獲れたての味わいを一年中皆さんに提供できます」。

　外は寒風の那珂湊港、しょうゆ味のアツアツのつみれ汁がありがたい。つみれには野菜などの混ぜ物はなく、サンマの

【国営ひたちなか海浜公園】

国営ひたちなか海浜公園

（ひたちなか市馬渡字大沼605-4／☎029・265・9001）
広大な敷地に観覧車などのアトラクション、サイクリングやアスレチックコースなどがあり、バーベキューやカフェも。四季を通してさまざまな花を楽しめることで知られる。原則として月曜休だが、夏休みなど無休期間も。大人450円（65歳以上210円）、中学生以下無料。

【周辺釣り場情報】

◉那珂湊港

那珂川の河口に位置し、長い堤防や岸壁があり、絶好のファミリー釣り場になっている。釣り人のバケツをのぞいてみると、ウミタナゴやカサゴ、それにチンチン（クロダイの幼魚）など。ほとんどが砂泥底なので、投げ釣りでカレイやアイナメも。また、シーバスも有望。春～秋にはアジ、アナゴ、ハゼなども。週末は釣り人が多い。

身肉のうま味が凝縮。副菜として、これに獲れたてのムシガレイや地野菜たっぷりのサンマの南蛮漬けなど、お好みの魚菜を添えれば文句なし。

「昼過ぎには船が帰ってくるので、水揚げ作業にも出るんですよ」

那珂湊の女性たちは働き者である。

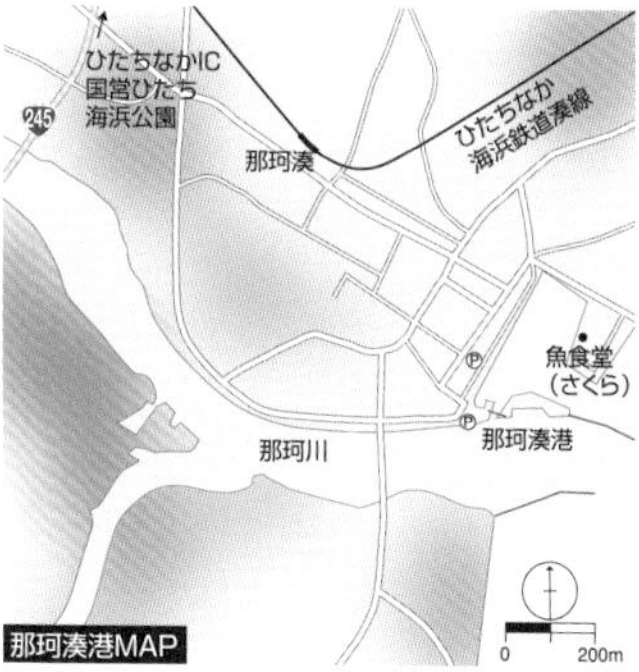

那珂湊港MAP

あかつ水産
日立おさかなセンター
【常磐・日立港】

茨城県

味勝手丼

感動の味わい！
ネタを選んで
盛り付けて食す。
自分好みの
海鮮丼を作ろう

味勝手丼（時価。写真は筆者とカメラマン女史の共作で 1800 円程度）

店長の船橋幸二さん。明るい性格で元気いっぱいだ

「ずらりと並ぶ30種類以上の新鮮な魚介類のネタの中から自分が好きなもの、食べたいものを選んで、自分のセンスで丼飯の上に盛り付け、豪快にかぶりついてください」（店長の船橋幸二さん）

今回うかがった「あかつ水産」は〝道の駅日立おさかなセンター〟内にある。日立・久慈漁港に揚がる地魚を中心にした鮮魚販売とともに、浜焼きバーベキューと味勝手丼という2種類の食事コーナーが設けてある。このうち、味勝手丼のコーナーは、レジャー感覚で食事ができるとあって家族や仲間同士、またカップルやおひとり様にも好評だ。

冷蔵ケースには、刺身（具）が数切れずつ入ったパックが陳列されており、それぞれに魚名・料金が記してある。地物やおすすめには、とくに産地が大きく表示されている。たとえば、〈常磐沖産・アジぶつ切り・100円〉といったぐあいだ。当日の地物はアジのほか、ヤリイカ、マダコ、釜揚げシラス、煮アナゴなどであった。「今の時季、いつもならヒラメ、アンコウ、アカムツ、メヒカリなど周辺の漁港に揚がる冬の地魚のオールスターがそろうんですが、きょうはあいにく

天然魚が所狭しと並び、あれこれ迷いながら選んでトレイに取っていく。
最後に、丼ご飯の大・中・小を選び、レジで精算

海が荒れていて品薄で……」と船橋さん。

それでも、アマエビ、マダイ、ブリ、クロマグロなど日本近海産の天然魚が所狭しと並び、お客はあれこれ迷いながら選んでトレイに取っていく。最後に、丼ご飯の大・中・小を選び、レジで精算するシステム。

さて、席に着いたら、さっそく盛り付け作業開始であるが、この作業は具を選ぶ以上に難しい。ネタの彩り、質感、配置などを考えながら、狭い丼空間をワクワクするようなグルメのワンダーランドに仕上げねばならないのである。しかも鮮度を落とさないようにテキパキと。美的センスと器用さを問われる作業なのだ。あまりの不出来に、「子どもや奥さんに笑われているお父さんもたまにいます」（船橋さん）。

こうしてやっとありつける海鮮丼だが、あらかじめ刺身になったパック入りのネタなんて……とあなどっ

【あかつ水産 日立おさかなセンター】

「あかつ水産」
日立おさかなセンター
[茨城県日立市みなと町 5779-24
☎ 0294・54・1008]

本店は、日立市北部の水木町にある創業 70 年の地魚が自慢の鮮魚店。日立おさかなセンターは、地元の鮮魚店が並ぶ市場スタイルのグルメ観光施設が始まりで、2014 年に道の駅として再出発。味勝手丼のほかに、店で食材を買ってバーベキューで味わう「海鮮浜焼き」があり、週末の昼時はどちらも混み合い、駐車場確保もままならない状況だ。味勝手丼のネタ（刺身）は 1 パック 100 ～ 200 円前後（時価）。ご飯は小盛り 80 円、中盛り 100 円、大盛り 140 円。通常、ネタ 7 ～ 8 パック＋ご飯で 1500 ～ 2000 円程度。お吸い物は無料サービス。
◉営業時間：9 ～ 18 時
◉定休日：水曜日

てはいけない。その1つ1つのネタの鮮度、分厚さ、滋味深さは、そんじょそこらの海鮮丼をしのぐ感動の味わいだ。食べてみれば、選ぶ楽しみと盛り付ける楽しみだけではないことが、実感できるだろう。好きなものを、財布と相談しながら堪能。これぞ〝身勝手〟な丼だ。

ネタ選びも楽しい

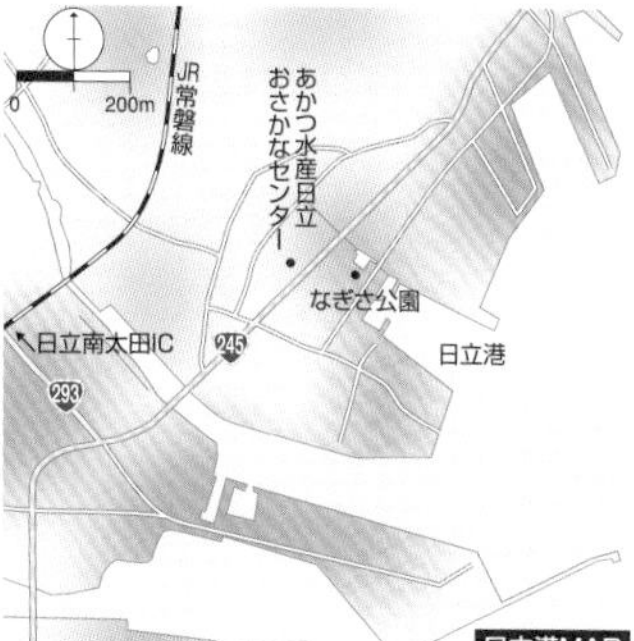

日立港MAP

【お土産】

「あかつ水産」の鮮魚販売コーナーで朝獲れの地魚を販売。久慈漁港に揚がった本ムシガレイ１皿（３尾）500円、ヤリイカ１皿（３本）400円、本マコガレイ100g200円、サゴシ（成魚はサワラ）100g100円、アンコウ鍋セット（３〜４人前）3000円前後など。本場常陸沖の肝がたっぷりのアンコウは3kg程度のもので丸ごと１尾7000〜8000円。鍋用、刺身用などに調理してくれる。

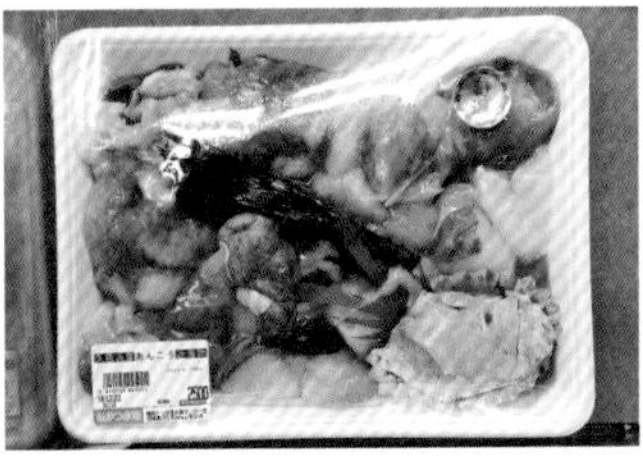

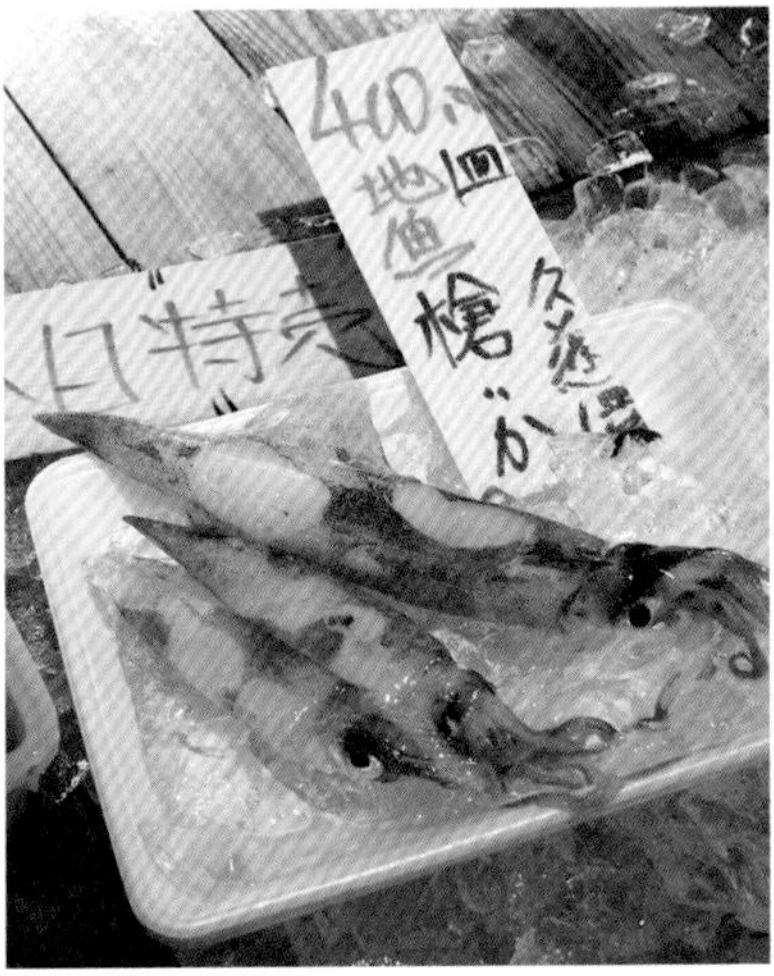

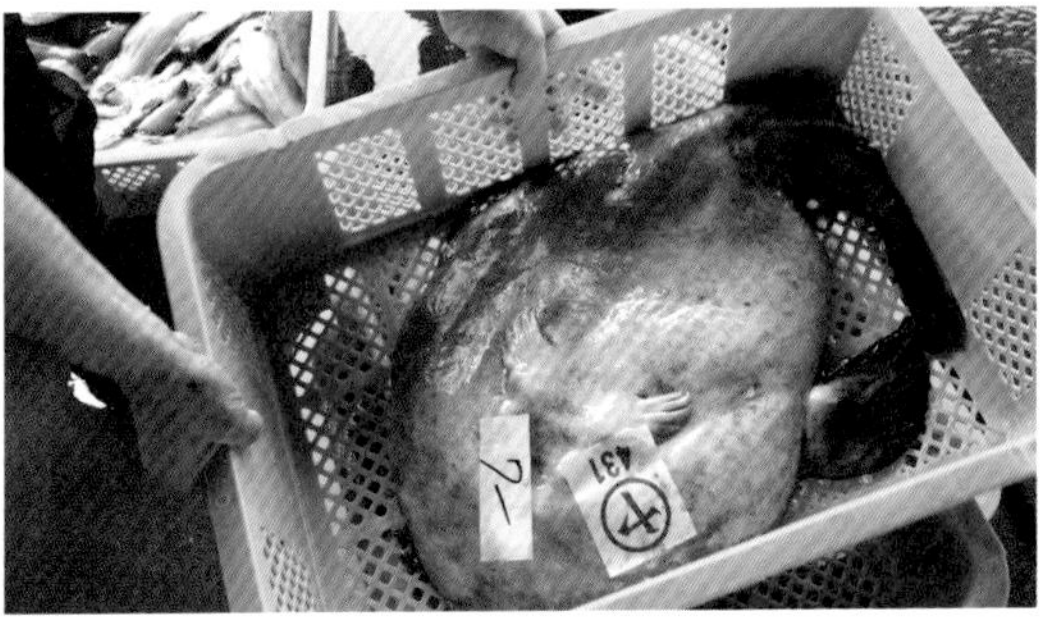

【周辺釣り場情報】

◉日立港

日立おさかなセンター前の日立港、その北隣の久慈漁港など釣り場は多い。冬季はアイナメ、カレイ、ウミタナゴ、メバル、サヨリなどがねらえる。日立港よりも久慈漁港のほうが釣り場は広く、週末には寒さにも負けず夜釣りでがんばる釣り人もチラホラ。港内はファミリーフィッシング向け。外海はテトラポッドで上級者向け。ライフジャケットは必ず装着を。

首都圏日帰り
地魚食堂
24

相浜亭

【南房・相浜港】

千葉県

伊勢海老丼

豊満な身肉に
かぶりつくと、
濃厚甘味な味わいが
脳髄にしみ渡る！

伊勢海老丼＝ 2000 円

生きのいいイセエビをわしづかみ！

「浜のいそっぴ」でもイセエビを堪能

房総半島の南のはずれにある相浜港。小ぢんまりしていて、船は数えるほどしかない。房総フラワーラインからも外れ、時が止まったような港だ。そのほとりに、吹きっさらしの平屋の家がポツンと建っている。

壁には「相浜亭」の看板が打ち付けられ、入口では青い暖簾が海風に揺れている。このさびれた風情がノスタルジックだ。

暖簾をくぐり、ガラス戸を開けると、小屋の中は打って変わって活気にあふれている。

すでに昼時を過ぎているが、客足が絶え間ない。港の漁師や海女が獲った魚介を、港の〝お姉さん方〟が絶妙なチームワークで調理。その素材を活かした清廉潔白な味わいが遠来の客に大好評。

取材日は、春のイセエビ漁が解禁したばかりの3月初旬。

「刺網を夕方仕掛けて、夜中の2時に起きて漁に出るんだお〜。イセエビは夜行性でよ、夜中に散歩に出てエサを探し回ってっから、それで網に掛かるんだお〜」

バーベキューは相浜港のすぐ脇で楽しめる

漁師の榎本新一さんはそう言って、生きのいいやつをわしづかみにして見せてくれた。

獲りたてのイセエビの胴体は天ぷら、頭部はみそ汁にして、1尾丸ごと全部味わえるのが目玉メニュー「伊勢海老丼」である。

殻の鮮やかな赤色が、食の官能のスイッチをドンと押す。がぶりと食らいつくと、絹のような歯ざわりの弾力のある身肉が押し返してくる。負けじとアゴに力を加えるとキュッと歯がとおり、豊満な身肉が崩れて甘美なコクが脳髄へさざ波のようにしみ渡る。

明るく元気で、おしゃべりで働き者の港の“お姉さん”たちに癒される

すかさずタレの効いた丼飯をかき込み、みそ汁をすする。そして、脳味噌をこそげ取る、やっかいだが意外に楽しい作業だ。

丼にはピーマンやナス、シロギスなどのネタも盛ってあったが、イセエビの存在感の前にそれらの味はまったく記憶に残らないのであった。

【相浜亭】

相浜亭
[千葉県館山市相浜 235 ／☎ 0470・28・2345]

メニューはほかに海鮮丼 950 円、刺身・天ぷら・煮魚などの「はらいっぺえ定食」1000 円、キンメの煮付けと天ぷらなどの「金目定食」1200 円など。いずれも地元素材で、お手軽価格にしてボリューム満点。
◉営業時間：10 ～ 17 時
◉定休日：水曜日

姉妹店「浜のいそっぴ」で イセエビ付き海鮮バーベキュー

相浜亭の斜め対岸には、姉妹店の「浜のいそっぴ」がある。海の家を思わせるような開放的な空間で、メニューは「海鮮バーベキュー」一本勝負である。

具材は生きたイセエビのほか、サザエ・ハマグリ・イカ・マグロのカマ・ホンビノス・フランクフルトの合計7種類。これに、ご飯と味噌汁が付いて1セット1500円。具材の追加は時価。

熱した焼き網の上に具材を並べる。イセエビは生きたまま串刺しにしてあり、網の上で手足をバタバタ振って季節外れの盆踊りだ。焼き上がったら串を抜き、頭と胴体を両手で持って引き離す。そして胴体の殻をむき、湯気の立ち昇る熱々を頬ばる。焼いたイセエビの身は潮の香りがして、天ぷらとは一味違う。脳味噌は天ぷらよりさらに濃厚な味わいだ。

サザエからはジュージューと焼き汁があふれ、ハマグリやホンビノスが殻の口をポカンと開く。イカは香ばしく、マグロのカマからは脂がポタポタ落下。バー

【浜のいそっぴ】

浜のいそっぴ

［千葉県館山市相浜 249 ／☎ 0470・28・3035］

店名の“いそっぴ”はイセエビの刺網にかかる外道のカニの名前。これからの季節（3月〜）、週末や休日は混雑する場合が多く、予約して出かけるのが無難だ。

◉営業時間：11 〜 15 時

◉定休日：水曜日

※イセエビは1〜2月、6〜7月は禁漁

ベキューの定番フランクフルトもいい焼けぐあい。ウーン、生ビールもいきたい！しかし車の運転が……。

丼にするか、それともバーベキューか——。高級食材・イセエビがここでは大衆魚並みの価格でタンノーできるのである。

おにぎり3個セット

森田屋商店

【南房・洲崎】

千葉県

サザエ味噌・ハバ海苔・サケ――、房総の潮風香る三角にぎり

おにぎり３個セット＝480円
※注：現在同セットはメニューにはないがお客さんの要望があれば３個セット（サケフレーク、ハバ海苔、梅干し）でやっている。１個の場合160円

78歳になる名物おかあさんの森田和江さんと息子さんの清和さん

端《はな》から余談だが、東京湾と相模湾を分ける海の境界線はどこかといえば、三浦半島南東端の剱崎《つるぎさき》灯台と房総半島西南端の洲崎《すのさき》灯台とを結ぶ直線だそうである。

この洲埼灯台への上り口にあるのが「森田屋商店」で、灯台で絶景を楽しんだ後、「ちょっと寄って行こうかな」と気軽に立ち寄る軽食屋だ。

切り盛りするのは、今年（２０１９）78歳になる名物おかあさんの森田和江さん。直下の海で採れるテングサを加工した天然１００％のところてんが名物。そして、「ちょっとお腹がすいちゃった」という人におすすめなのが手作りのおにぎりだ。

長方形のお皿に、三角にぎりが3個。ぷ〜んと磯の香りが鼻をくすぐる。巻いている海苔は房総・富津産で黒光りがしている。おにぎりの具は、サザエ味噌とハバ海苔と、そして焼きサケの3種類。

まず手に取ったのは、サザエ味噌である。具のサザエ味噌は三角おにぎりのテッペンに乗せ、それが見えるように海苔で軽く包んである。ご飯の中に包み込まないのは、サザエ味噌の濃厚な磯香も味わってほしいとの配慮だろう。

テングサを加工した天然１００%のところてんも名物

天日干しのヒジキも人気

サザエ味噌は、サザエの身をスライスして酒と水で煮込み、それを少量のだしと味醂、砂糖で煮詰めた味噌と混ぜ合わせて作る。これもまさに天然１００%。冷蔵庫で保存し、熱いおにぎりに乗せると、隠れていた磯香がパッと目を覚ますのだ。

次は、おにぎりに混ぜ込んであるハバ海苔に手を伸ばす。ハバ海苔は普通の海苔の親分のような存在で、分厚くてがさつな食感だが、その香りの力強さはピカ一。厳寒期の海で採り、これを海苔のように型枠で干してあぶり、冷凍保存して一年中食べる。この冷凍ハバ海苔も熱いご飯で香りがたたき起こされ、口の中に入ってさらに強烈に香ってくる。

最後は焼きサケ。「これは地元のお客さんの要望なんです。サザエやハバ海苔は食べ飽きてるから」とい

【森田屋商店】

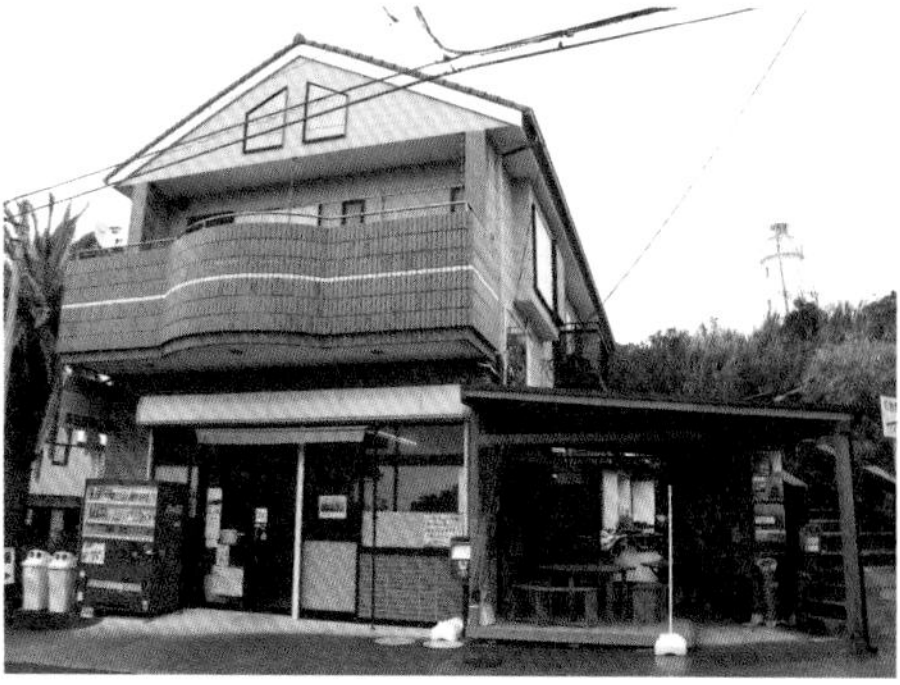

森田屋商店
［千葉県館山市洲崎 1041-2 ／☎ 0470・29・0096］

洲埼灯台へ至る狭くて急な階段の脇にある。地元住民のための食料品や日用品、それに観光客のお土産用の海の幸として、自家製ところてん、添加物のない完全手作りによる天日干し房州ヒジキ、生きサザエ、地タコなども販売。店内にはテーブル席が２席あり、建物横の庭にテラス席が設けてある。黒蜜ところてん、酢じょう油味の岬のところてん各 380 円〜、岬のあんみつ 430 円、ラーメン 700 円なども。
◉営業時間：８〜 17 時（夏は 18 時）◉定休日：不定休

う理由だ。

　これらの具もさることながら、おにぎりのごはん自体のおいしさも特筆もの。「お米は、私の故郷の魚沼産なんですよ」。

　聞くと、おかあさんは新潟県出身で、館山に働きに出て見染められ、この家に嫁いだとのこと。その夫はすでに亡く、東京に出ている息子の清和さん（52）が週末などに里帰りして店を手伝っている。

　房総の南西端の潮風香る純朴なおにぎり、忘れがたい味わいだ。

※注：サザエ味噌は現在在庫なし。

【立ち寄り処】

――洲埼灯台から絶景を――

森田屋商店と駐車場の間の階段を上ってすぐ。塔は白亜の丸型で、高さは 15m 足らず。ただし、塔には上れない。頂上からは、晴れた日には東京湾、三浦半島、富士山、それに伊豆大島などの島々が見渡せる。また、ここから見る夕日は絶景で、館山市の"恋人の聖地スポット"に認定されている。

【周辺釣り場情報】

◉洲崎の地磯

森田屋商店の目の前の急坂の小径を下ると小さな港に出る。この右手一帯の磯が釣り場である。森田屋商店の息子さんの清和さんによると「若い頃、西風の吹く朝マヅメにシーバスをよく釣った」という。メバル、メジナ、クロダイなども。港の左手の磯も浅いが釣りになる。また、岬の先端部のお台場海浜庭園（有料施設）の地磯も好釣り場として知られる。

魚河岸定食

港町の昭和な食堂で、
特製パン粉とラード油が
香ばしい旬魚のフライ＋
刺身の2本立てを堪能

にし与

【沼津・沼津港】

静岡県

魚河岸定食＝1150円

見てくれよりも、味と量をモットーに新鮮食材をてんこ盛りにしたにし与丼

濃紺地に「魚河岸　にし与」の白抜き文字。この由緒ありげな暖簾をくぐる。店内の壁には、手書きのメニュー札が所狭しと貼りめぐらされ、広い厨房では主人夫婦をはじめ、店のスタッフが手を休めることなく立ち働いている。活気が店内に充満していて、まだ注文もしていないのに胃袋が勝手に躍り出す。

　主人は早朝4時に起きて市場をめぐり、その日揚がった魚を品定め。そして、漁港でひと仕事終えた人たちのために、毎朝6時に暖簾を掲げる。沼津漁港一帯は、いまや海鮮グルメのアミューズメントパークの様相を呈しているが、この店は昭和の漁港食堂としての孤塁《こるい》を守っている。その本質は、「見てくれよりも、味と量」。この一途さが、地場の本物を求める一般客にも受けているのだ。

　メニューは多く、ざっと80種類。おすすめは海鮮系とフライ系。そこで、地魚のフライと刺身がセットになった「魚河岸定食」を注文。

　ラード油で揚げたばかりのフライの香ばしさは格別。衣はやや褐色を帯びたキツネ色。まず、アジ

朝から漁港関係者でにぎわう

主人の西原富治さん（69）と奥さんの千江事さん（64）

のフライにかぶりつく。表面の衣の歯触りは痛快で、サクッと歯がとおる。芯はフワッとしていて、アジ特有の風味が口中いっぱいに広がる。アジは刺身もたたきもナメロウも好みだが、やっぱりフライが一番だと改めて納得させる味わいだ。

イカのフライは歯ごたえがやさしく、サワラはフカフカで甘い。

「衣は昔からパン屋に頼んで特製のパン粉を作ってもらっています」と主人。フライはネタや揚げ油も重要だが、この店の場合はパン粉のこだわりに旨さの秘密があると見た。

刺身は3種類。沼津港に水揚げされた本マグロ。その適度に脂が乗った赤身はまさに食べごろ。キビナゴはさっぱりと

【にし与】

にし与
［静岡県沼津市千本港町 109 ／☎ 055・951・6041］

今年（2019）で創業 37 年。近辺が観光化する中、漁港の定食屋として早朝の開店時から活気にあふれる。市場で働く人たちのための特別朝食メニューもあるが、これは一般客には提供不可。ほかに、まぐろ丼（あじフライ付き）1450 円、アジフライ定食 1050 円など。とんかつ定食 1500 円も隠れた人気メニューだ。
◉営業時間：平日、日祝 6 ～ 15 時、土曜日 10 ～ 15 時
◉定休日：木曜日

して、カンパチはキトキトだった。

これら、フライや刺身のそれぞれの味わいに欠かせないのが、熱々のシジミのみそ汁である。朝のシジミ汁の一杯は、まだ夢の中にいる胃袋をやさしく目覚めさせてくれる。

フライよりも刺身を堪能したいという向きには、「にし与丼」を。これには、駿河湾の生シラス・カンパチ・メダイ・サワラ、さらに日本各地から市場に届くマグロ・ホタテ・ウニ・イクラ・サーモン・アマエビ……と10種類以上のネタがギッシリ山盛り。シャリの量にも大満足。

【立ち寄り処】

沼津若山牧水記念館

（沼津市千本郷林 1907-11 ／☎ 055・962・0424）

《幾山河越えさりゆかば寂しさのはてなむ国ぞけふも旅ゆく》で知られる歌人牧水は、晩年を砂浜と松林の沼津千本松原で過ごした。その牧水の生涯と全仕事、旅の足跡などをコンパクトに展示。旅の写真、酒を愛した牧水お気に入りの酒器、掛け軸、色紙、日記、書簡、作歌ノートなど。開館時間＝ 9 ～ 16 時半　休館日＝月曜日　観覧料＝ 200 円（子ども 100 円）

【周辺釣り場情報】

◉沼津漁港

沼津漁港は冷凍庫周辺で、サビキ釣りでイワシや小サバ。本格的に楽しみたいなら近くの静浦漁港の堤防へ。鷲が翼を広げたような雄大な形状で長さは500mほどある。クロダイ、マダイ、また回遊魚が多いことで知られ、ワカシ、ソウダガツオなどがねらえる。取材当日、40㎝オーバーのクロダイを釣った人も。晴れた日には、富士山がクッキリ。

首都圏日帰り
地魚食堂
27

いけすや

【沼津・内浦港】

静岡県

二食感活あじ丼

新鮮と熟成の
味わいの差を体験。
どっちがどっちで、
どっちがお好み？

二食感活あじ丼＝1000円

「満腹御膳」の中のアジフライ、衣はカリカリ、中身はフッカフカ

丼ご飯の上に、まるで朝礼の時間の小学生のように、行儀よく2列に並んでいるピンク色のアジの刺身。左と右の列には微妙な違いがあるのだが、ボーッとしていると見分けるのは難しい。

「〝一食感活あじ丼〟は、私ども漁協直結の店ならではの独自のメニューなんです」

こうおっしゃるのは、内浦漁協の職員であり、店長である土屋真美さん。

駿河湾は、富士山からの湧き水があり、伊豆の山々からは狩野川の清流が流れ込み、これらが潮流の速い黒潮に混ざり合い、プランクトンの豊富な海として知られる。この豊かな恵みの海では、昔から魚の養殖が盛んに行なわれてきた。そしていまでは、内浦漁協の養殖マアジは「活あじ」と呼ばれるブランド魚に成長し、天然マアジも顔負けの味と評判である。

港は岸壁直下から水深があるため、生簀《いけす》は岸から手の届きそうな近距離にある。ここでアジをすくい、生きたまま数十m先の店まで持ち込んでまな板の上で包丁が入る。

お造り定食などに使われるアジは、毎朝7時に水揚

生簀は岸から手の届きそうな距離にある

内浦漁協の職員で「いけすや」店長の土屋真美さん

げされたばかりの生き締めアジである。ただし刺身というものは、一概に新鮮だから味がよいというわけでもない。むしろ魚によっては何時間か、あるいは何日か寝かしたほうが好みだという通人も少なくない。

そこで店長の土屋さんたちは、さまざまな思いをめぐらせた末、「じゃあ、新鮮なのと熟成させたのと、2種類を一緒に食べてもらいましょう」というわけで出来上がったのが、このメニューなのである。

熟成のほうは、氷締めして一晩寝かせてある。前日に用意しなければならないので、必然的に数量限定となるのはやむを得ないだろう。

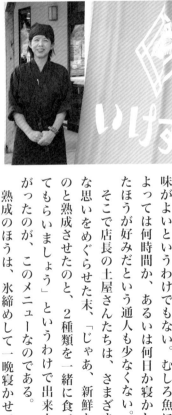

緑のきざみネギの左右に、行儀よく2列に並んだ鮮・熟2種類のアジの刺身。どっちが、どっちなのか。まずは、目で違いを味わう。透明感のある溌溂《はつらつ》としたピンク色と、しっとりと艶を帯びたピンク色。身肌のキメや質感にもおぼろげな違いが見てとれる。

箸の先はちょっと迷ってから、先に溌溂ピンクのほうに向く。コリッとして、はね返してくるような

【いけすや】

いけすや

［静岡県沼津市内浦小海 30-103 ／☎ 055・943・2223］

かつては、漁港の片隅で日曜日だけの営業だったが、港の再開発に伴い平成 27 年にリニューアルオープン。新規店舗はシャレた造りで、テラス席もある。目の前の駿河湾の海風を浴びながらの食事は最高。スタッフは地元の漁業関係のお母さんや娘さんたちが中心。みんな明るく元気で爽やかな応対で気持ちがいい。

人気メニューはほかに、活きあじ丼とあじフライなどの「満腹御膳」1350 円、内浦漁師に引き継がれてきたアジ茶漬けともいうべき「まご茶定食」1000 円、柿の葉の代わりにワサビの葉で巻いた「活あじわさび葉寿司」1000 円など。

◉営業時間：11 ～ 15 時（干物など物販販売は 9 ～ 16 時）◉定休日：水・木曜日（祝日の場合は翌日休）

弾力があって、〝じゃじゃ馬〟という絶えて久しい言葉をふと思い出した。これにすり下ろしのショウガの味が加わると、途端におとなしくなる。

しっとりピンクのほうは、しなだれかかってくるような身肉の柔らかさ。そして、噛み進むごとに、こなれた脂のうまみが潮流のようにヒタヒタと口中に満ちてくる。

「どっちがお好みですか？」と問われれば、世の男たちはちょっと咳払いをして、「甲乙つけがたし！」と応えるしかないだろう。

【遊び処】

伊豆・三津シーパラダイス

（沼津市内浦長浜 3-1/ ☎ 055・943・2331）
戦前の 1930 年に開業した中之島水族館が前身。日本で初めてバンドウイルカを飼育した水族館としても知られる。イルカやアシカ、トドのショーのほか、ラッコやセイウチなど海の珍獣がお出迎え。海の魚は約 400 種類。開園時間＝ 9 ～ 17 時　入場料＝ 2200 円（子ども半額）　年中無休

【周辺釣り場情報】

◉内浦・重寺港

「いけすや」から沼津方面に少し行くと淡島への渡船場があり、その北隣にある漁港。前面の一段高い堤防にはハシゴがいくつかかけてあり、子どもでも上れる。クロダイ、メジナがメインターゲット。夏は小サバやソウダガツオの回遊もある。取材当日は常連組のほかに、東京の青梅からきた家族連れや、釣りデートのカップルがチラホラ。晴れた日には、富士山がバッチリ。

小柴のどんぶりや

【三浦・柴漁港】

神奈川県

小柴丼

江戸前梅雨アナゴの
一本揚げ！
クマエビも
風味豊かで味わい深い

小柴丼＝1300円

「煮アナゴ定食」は１４５０円。こちらもどうぞ！

薄絹のような衣をまとったアナゴの天ぷらが一本、丼から勢いよくはみ出している。これを箸で起こしてガブリと食いつく。サクッと歯がとおり、フカフカの白身が口の中でゆるやかに崩れ、弾力のある皮と混じり合いながら甘い余韻を残して胃袋の中へ消えていく。

盛夏の脂の乗り切った身の太いアナゴの精気みなぎる味わいもよいものだが、梅雨時のまだ旬の走りのアナゴの脆美《ぜいび》な風味も捨てがたい。

この店は、横浜市漁協柴支所の直営店である。

「小柴のアナゴのおいしさを、地元や近県の人に知ってもらいたくて２０１１年５月に開業。底引きではなく、アナゴ筒漁の専門漁師が獲ったものだけを使用していますから、アナゴにストレスがなく、身がふかふかで、江戸前寿司のネタとしても喜ばれています」

とは店長の窪田幸介さん（31）。自身も漁協の組合員であり、母親はこの店で調理を担当し、父親は現役の漁師。

小柴は、東京から車で小一時間のところにあり、八

柴漁港にて。港に帰る船をおかみが迎える温かい一幕

景島シーパラダイスはすぐ近く。いわば、東京圏の港町であり、ここで獲れるアナゴは〝江戸前アナゴ〟として珍重されている。こんな都会の海で、こんなに上等のアナゴが獲れるということに驚きだ。

小柴丼にはアナゴのほかにも、江戸前の魚介や野菜が詰め込まれている。

まずは、赤い殻の色がひときわ鮮やかなクマエビである。その名のとおり、成長すると20㎝にもなるというほど大きい。大エビは大味と敬遠されがちだが、このエビはクルマエビの仲間であるから、身は甘くて繊細。食べ応えだけではなく、香りも深いのである。

「うちのアナゴ筒漁の専門漁師が獲ったものだけを使用しています」と話してくれた店長の窪田幸介さん

次は肉厚のイカ天だが、何の抵抗もなくスカッと歯がとおり、風味も豊か。さらに、季節の野菜はジャガイモ、オクラ、ニンジンであった。

【小柴のどんぶりや】

小柴のどんぶりや

［神奈川県横浜市金沢区柴町 397 ／☎ 045・701・8182］

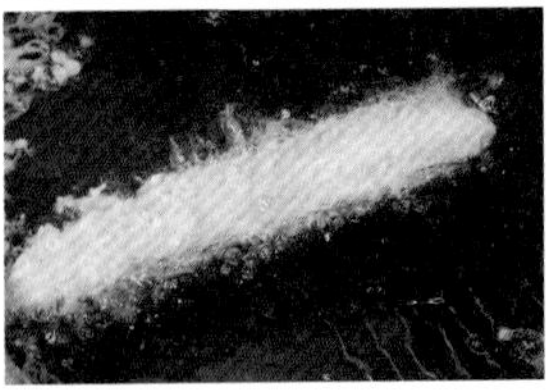

柴漁港の敷地内にあり、店舗は壁も天井もヨシズ張り。ガラス窓と違って、港の景色はぼんやりと見えるだけだが、ヨシズが日差しをさえぎり、潮風が感じられて和の涼感たっぷり。スタッフの多くは小柴の漁協や漁師の関係者で、みんな「小柴の魚介」に誇りを持っている。配膳や返却はセルフサービス。メニューはほかに、アナゴやかき揚げの冷製天ぷらそば（うどん）1100 円など。ご飯大盛りはプラス 50 円、みそ汁 100 円。テイクアウトあり。

◉営業時間：11 ～ 14 時（売れ切れ次第終了）

◉定休日：月～木曜日（祝日は営業）

当然、いずれも地場ものである。

　さて、アナゴを味わうなら、天ぷらだけではいささか片手落ちといえよう。機会があれば、料理人の技が生きる煮アナゴ定食もぜひ食したい。薄味に煮含まれて皿に横たわる一本丸ごとのアナゴは存在感たっぷり。歯にさわっただけでとろけていくような味わいは格別である。

　食べ終えて、ヨシズ張りの店内から出ると、たれこめた梅雨空にトンビがゆったりと輪を描いているのであった。今度は、入道雲のころに食べに来ようと思う。

【イベント情報】

アナゴも買える！
日曜・祝日は漁協「直売日」

柴漁港では、毎週日曜日と祭日に「直売所」を開設。漁師が特別に出漁し、アナゴやエビ、アジ、サバ、タイなどを水揚げし、この獲れたてを一般に直売。ただし、悪天候などで出漁できない場合は中止になるので注意。アナゴを買うと漁師が無料でさばいてくれる。この妙技を見るのも楽しい。直売時間＝13時半〜16時半（開始前は毎回行列ができ、大にぎわい）

【周辺釣り場情報】

柴漁港には数軒の船宿があり、アジやタチウオなど多彩な魚が釣れている。また、漁港から約6㎞の「磯子海釣り施設」（☎045・761・1931）はファミリー、ビギナーにおすすめ。マアジ、メジナ、タコ、シロギス、コノシロ、クロダイなどがヒットする。

首都圏日帰り
地魚食堂
29

カレイの姿揚げ定食

肉厚の淡泊な白身と甘ダレの妙味を堪能。頭、ヒレまで食べ尽くす

岩城屋

【横須賀・浦賀港】

神奈川県

カレイの姿揚げ定食＝1030円

ランチメニューの「地魚盛合せ定食」は900円

京急浦賀駅から徒歩1分の大通り沿いに暖簾を掲げる。戦前から地元の人たちに愛されてきた定食屋で、夜は港の呑ん兵たちが集う居酒屋としてにぎわう。

主人の渡辺新一郎さん（72）は三代目。朝7時には近辺の鴨井港や大津港の市場に出向き、その日に揚がった魚を仕入れるのが日課だ。

店内の壁には手描きのメニューがペタペタと無造作に貼りめぐらされ、そこから一段高い所には、お客さんからいただいた帆船「日本丸」の写真がいくつか飾ってある。大洋を進む日本丸の雄姿を見ていると、ペリー来航以来、日本の造船をリードしてきた浦賀の街の人々の誇りのようなものを感じる。

さて、この店のランチメニューとしては、「地魚盛合せ定食」がおすすめである。当日はアジ・イシダイ・ヒラメのラインナップ。すべて主人のお眼鏡にかなった旬魚であり、申し分のない味わいだ。

その主人が、「きょうは、カレイの姿揚げもおすすめですよ。カレイはメイタで、脂が乗って食べごろです」というものだから、舌心《したごころ》が動いた。

メイタガレイは目と目の間に小さな棘があり、これ

アジフライ定食も人気だ

にさわると痛いので〝メイタ〟と呼ばれる。一般的にカレイは身が薄いが、メイタは比較的肉厚で食べ応えも充分。

そのメイタが、大皿に乗ってドーンと出てきた。唐揚げには甘ダレがたっぷりかかり、大根おろしが背中に大盛り。添えられたツマミ菜の淡い緑色が清涼である。まずは頬肉をつまみ、次に背中あたりの白身をすくい取り、大根おろしとともに甘いタレにしみこませて頬張る。身は淡泊だが弾力と甘味があり、食い気が加速度的に進んで片身を食べ尽くす。裏返して白い腹側に取りかかり、またたく間に頭と骨だけになる。

しかし、これで終わりではない。カレイに限らず、唐揚げは身だけ味わうのは片手落ちというものだ。カリカリに揚がった骨にこそ、味の真髄がある。

背ビレや胸ビレや尾ビレもポリポリ。とくに背ビレにはカレイに特有の脂の乗った〝エンガワ〟の取り残しがあり、これとヒレ骨の香ばしさが混じって至福。さらに、頭をゆっくりと噛み砕けば、いろんなうま味

【岩城屋】

岩城屋

[神奈川県横須賀市浦賀 3-2-2 ／☎ 046・841・1058]

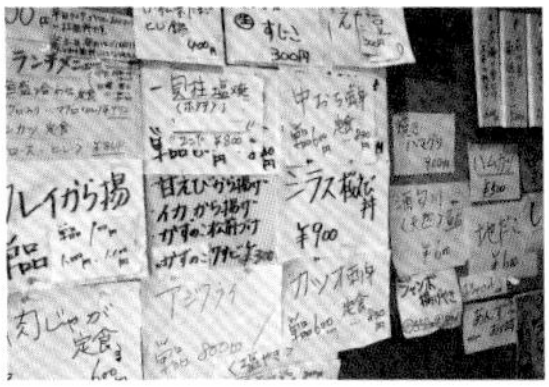

ペリー来航の港町・浦賀で戦前から営業を続ける大衆食堂であり、居酒屋。地元の人たちばかりか、東京近辺から新鮮な魚介を求めて通う客も少なくない。定食に添えられる小鉢の煮物や漬物は手作り感があって滋味たっぷり。主人夫婦を支える地元のスタッフも明るくて家庭的な雰囲気。料理メニューは魚介類の刺身・焼き物・煮物・揚げ物のほか、トンカツやラーメン、肉じゃが、野菜炒めなどもある。地酒も豊富。

◉営業時間：11（日曜 11 時半）～ 14 時（同 14 時半）／ 17 ～ 21 時　◉定休日：月曜日

主人の渡辺新一郎さん（72）は三代目。主人夫婦を支える地元のスタッフも明るくて家庭的な雰囲気

がにじんでくる。歯が弱くて骨を噛み砕けないというのであれば、なりふり構わずしゃぶり尽くすことだ。最後に、大皿に残った甘ダレをご飯にかけて総仕上げというのも悪くない。

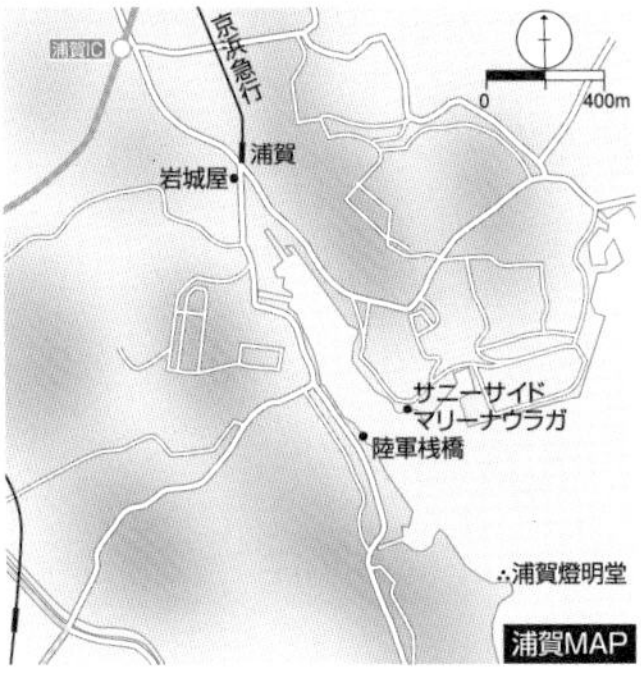

【遊び処】

磯遊びの穴場！～燈明堂海岸

浦賀から久里浜に抜ける途中の燈明崎の先端にある「燈明堂海岸」は、地元では知られた磯遊びに格好の場。岩場と砂浜があり、テントや水着、水中眼鏡、釣具持参で海遊びを満喫できる。無料駐車場も完備。ただし、シーズンの週末は混雑必至。江戸時代に築造の和式灯台“燈明堂”も。

【周辺釣り場情報】

浦賀港

浦賀港の陸軍桟橋は、お手軽なファミリーフィッシングに最適。チョイ投げでシロギスやマゴチ、ハゼなどが釣れ、ウキ釣りで小メジナ、時にクロダイも。カゴ釣りでアジやサバをねらっても面白い。取材当日は、地元の高校生が小メジナなどを釣っていた。

赤カサゴのアクアパッツァ

**店主が刺し網で獲った
魚介が厨房へ届き、
洒落た料理になって登場！**

かねよ食堂

【横須賀・走水港】

神奈川県

赤カサゴのアクアパッツア＝1980円

走水の魚介を少量ずつ懐石風に洋皿に盛りつけたカルパッチョ

母親が経営していた海の家をレストランに改装。吹きっさらしの木造の店内はその時代の名残りである。砂浜の上にいかにも涼し気に建っており、目の先では走水のさざ波がまばゆく揺れている。

マスターの金澤等さん（40）は、店のマネージメントをこなしながら、漁師だった父から受け継いだ船でほぼ毎日刺し網漁に出る。夏から秋にかけてはカマス、サバ、カレイ、タイ、タチウオ、アジなどが獲れる。また、タコツボを仕掛けてタコを獲り、冬にはメカブ採りにも精を出す。その新鮮な海の幸に地物野菜を合わせた南欧風のしゃれた料理が、客の目と舌を楽しませる。

晩夏の日差しがテーブルに淡い光と影を作り、そこに真っ白い中深の皿に盛られた、彩ゆたかな「赤カサゴのアクアパッツァ」が登場。

アクアパッツァは鍋に白身魚と貝類、ニンニク、オリーブ、野菜、香草などをぶっ込み、白ワインと水で煮込む南イタリアの漁師料理。アクア＝水、パッツァ＝暴れるの意味で、本来は荒波に揺れる船上で振る舞

海の家をレストランに改装。砂浜の先はすぐに走水の海だ

われるワイルドな漁師料理だ。

まず、スープを口に含んでみる。いろいろな味がまじり、溶け合っていて、しかも上品さを失っていない。海の荒くれたちの色を残しながら、料理人の技巧が冴えている。

カサゴの身は新鮮なために骨から離れにくく、コリコリ。その絹のような歯ざわりと甘味にうっとり。最後は、箸を置いて頭と尻尾を両手で持って、骨までしゃぶりつくして大満足。また、アサリは弾力感が半端ない。赤いプチトマトを口の中でつぶすと、キューっと甘酸っぱい汁が流れ出る。緑のズッキーニはスープをたっぷり吸っていて、赤と黄色のパプリカはトロピカルで楽しい。

目も舌も胃袋も、そして手までも総動員して楽しんだ一皿であった。

また、走水の魚介を少量ずつ懐石風に洋皿に盛りつけたカルパッチョもおすすめだ。取材当日は三崎マグロの漬けを中央に、マダイ、アイゴ、マダコ、ヒラメなどが、それぞれ異なった味付けで放射状に配してあり、芸術的な食空間を作り上げている。アイゴの刺身など普段は口にできない代物だが、ニンニク味噌仕立てにイタリアンパセリを添え、その癖のある味を巧みに旨味に変えていて、感動ものであった。

　食後に砂浜に出ると、秋の気配を含んだ潮風が鼻先を軽やかに通り抜けていった。

【かねよ食堂】

かねよ食堂
[神奈川県横須賀市走水 1-6-4 ／☎ 046・841・9881]

走水海岸の潮干狩り場奥の砂浜に建つ、南の島のリゾート風レストラン。店主は早朝から漁船を操縦して目の前の海へ出る。その獲りたての旬の魚介がそのまま厨房へ届き、本日のメニューになる。取りあげた料理のほか、本日の地魚とお野菜のフリット 1200 円、自家製のワカメの佃煮ときのこのピザ 1250 円、タコライス 1250 円など多彩。ドリンクは、各種ワイン、シソの葉を使ったモヒート“サムライモヒート”850円（写真）など。
◉営業時間：基本的に 11 ～ 17 時だが、季節や日によって異なるので、かねよ食堂の HP で確認を。
◉定休日：月曜日

おみやげに早煮昆布も

【見どころ】

谷内六郎館（横須賀美術館に併設）

（神奈川県横須賀市鴨井 4-1 ／☎ 046・845・1211）

東京湾の海を見晴らす高台に建つ横須賀美術館には、『週刊新潮』の表紙絵でおなじみだった郷愁の画家谷内六郎の作品を展示する「谷内六郎館」が併設されている。1300 余点にのぼる表紙絵を中心に公開。ふるさとの幼少年時代思い起こさせる素朴な絵にしばし感動。開館＝ 10 ～ 18 時。休館日＝第 1 月曜日。料金＝一般 380 円、高校・大学生・65 歳以上 280 円。企画展は別途料金。

【周辺釣り場情報】

◉走水海岸

走水海岸はボート釣りのメッカで、数軒のレンタルボート店が営業している。海底は砂地から岩礁帯まで変化に富み、一年中多彩な釣りものを楽しめる。これからの季節（秋～）はシロギスやアジ（35cm を超える大アジも）、マダイ、イナダなどがねらいめ。手漕ぎボートや船外機付きボートなど。いずれも、各店のＨＰなどを見て予約してから出かけること。

魚屋食堂
さがみ湾

【横須賀・久里浜】

神奈川県

地魚天丼

**30年継ぎ足した
タレとショウガ汁の
織り成す魔味に
魅了される！**

地魚天丼＝650円

朝獲れにこだわる「おまかせ地魚刺身膳」1100円。当日は、めったに口にできないカイワリ、三崎のキンメダイ、北下浦のコショウダイ、炙りサワラ、炙りタチウオ、ゆで地タコの全6種類だった

店主の寒河江《さがえ》進午《しんご》さん（54）は語る。

「もとは魚屋で、私は二代目。生まれつき魚を見たり触ったりが大好きで、子どもながら北下浦や三崎などの漁港に出入りしていました。港は私の遊び場だったんですよ」

いまでも、「魚をいじっていないと手が震えてくるんです」と、毎朝市場に顔を出し、魚の水揚げや仕分けの手伝いにいそしむ。そして、これはと思う魚を見つけては片っ端から買い付ける。子どものころから養われた目利きに狂いはなく、「魚の目を見るだけで、脂の乗りぐあいや、血が魚体に回っていないかなどがわかります。この仕事は天職ですね」。

メニューは刺身と天ぷらが中心。注文したのは、６５０円の「地魚天丼」。

当日の地魚のネタはムツとタチウオで、これに野菜のかき揚げが彩を添える。ムツは1尾数千円もする高級魚だが、それは成魚での話。定置網や刺し網で獲れるのは20㎝前後で、市場では雑魚扱いに近い。しかし、小粒とはいっても、ムツはムツであり、しかも獲りたて。これを、毎日市場に通う目利きの寒

子どものころから魚と触れ合うのが大好きだったという店主の寒河江進午さん

河江さんが見逃すはずはない。タチウオもしかりである。大型は値が張るが、中型は魚屋でも人気の大衆魚である。

この揚げたてをどんぶり飯の上に隙間なく詰め、父親の代から「30年継ぎ足しています」というタレがかけてある。ご飯とともに口中にかき込めば、天丼特有の猥雑な味わいの中に爽やかな品のある香味が立ち上る。

「盛り付けの仕上げに、ショウガ汁をサッと振りかけています」

これが隠し味となって、天ぷらの油っこさが抑えられ、ネタの味をしっかり感じることができる。ムツには独特の甘さと香りがあり、タチウオのふっくらとした食感も失われていない。

「実は、天丼はまかないで作っていたんですが、おいしい上に毎日食べても飽きることがなかった」そうだ。メニューに加えると、たちまち評判になった。

地魚の刺身も食べたいという向きは、これに小盛刺身膳の付いたセット（合計1100円）を。

【魚屋食堂 さがみ湾】

魚屋食堂 さがみ湾
［神奈川県横須賀市ハイランド 4-3-8 ／☎ 046・848・1426］

魚屋食堂というのは、家がもともと魚屋だったから。二代目の進午さんはすぐ近くで和食店を開いていたが、父親が他界して立地のよい魚屋のほうに店舗を移し、魚屋食堂としてリニューアルオープン。メニューはほかに、天ぷら膳（地魚・エビ１本・野菜）1100 円、刺身＆天ぷら膳 2200 円など。その日の仕入れで魚や料理方法が変わる日替わりメニュー 700 円〜も。また、店頭ではアジフライや地魚の刺身などの持ち帰り用総菜も各種そろえて販売。
◉営業時間：10 〜 18 時 ◉定休日：月・木曜日

この店は、久里浜海岸から車で10数分、「くりはま花の国」の背後に広がる丘陵地の住宅街のど真ん中にある。立地はどうひいき目にみてもよいとはいい難い。しかし、休日ともなれば、開店前から行列ができる。

今の季節（晩秋）は、東京湾や相模湾の地アジや脂の乗ったサバがおいしいころ。それに、カワハギもそろそろ食べごろか。

【見どころ】

ペリー記念館。

米国水師提督ペリーが久里浜に上陸したのは嘉永6年（1853）。これを記念して昭和62年に建てられた。1Fには、当時の久里浜の地形と黒船を再現したジオラマ模型を展示。2Fではペリーの上陸図や写真などの歴史資料を見て回れる。敷地内にはペリー上陸記念碑もあり、碑文の揮毫は伊藤博文。開館＝9〜16時半。休館＝毎週月曜日（祝日の場合は翌日）。入館料＝無料。

【周辺釣り場情報】

久里浜港

久里浜港の岸壁は現在釣り禁止。サオがだせるのは久里浜の砂浜とその左端の平作川河口の突堤。砂浜および河口突堤からはチョイ投げでシロギスが釣れ、夜にはシーバスもねらえる。「黒船釣具店」（☎046・835・0372）ではレンタルボートもあり、カレイやマダイが釣れることも。また平作川河口近くにはカワハギメインの船宿が軒を連ね連日にぎわっている。

お刺身定食

寒サワラ・座布団ヒラメ・イカ・タコ……。畏るべし、〝常磐もの〟7点盛り！

鮮魚食堂
うろこいち
【常磐・小名浜港】
福島県

お刺身定食＝1600円

「サバのいいのが入ったので締めてみました」という締めサバは時価。これも極上だった

店内のガラス窓から、港が見える。

「震災の時は、小名浜港にも津波が押し寄せて漁船は陸に打ち上げられ、店内は2mほど浸水してお手上げでした」とは三代目の山野辺勝久さん。

幸いにも建物自体は流されることはなく無事で、2年後の平成25年3月15日に「いろいろな人に助けられて」リニューアルオープン。当初は魚の種類も限られたが、港の復興に歩調を合わせるようにかつての姿を取り戻しつつある。

いわき沖の海域は黒潮と親潮がぶつかり合う好漁場であり、獲れる魚は〝常磐もの〟と呼ばれ、築地でも高値で取引されていた。その復活途上の〝常磐もの〟を求めて、関東など遠くから駆けつける客も多い。

注文したのは、この店の一番人気「刺身定食」。〝常磐もの〟を中心にした7点盛りだ。中央の紅い北海ボタンエビは弾力があって甘く、右後方の殻に収まる大ぶりのホタテはクリーミー。

右手前の、淡いピンクを帯びた白身の謎の炙りものが意外だった。

刺身は同店の一番人気。何を食べても甲乙つけがたい

暖簾の前に立つのは三代目の山野辺勝久さん

大ぶりで薄く切ってある。口に入れてひと噛みするとねっとりとしたうま味がにじみ、ふた噛みすると炙った皮の芳醇な香味が立ち上がる。見た目は薄くて頼りないが、しっかりと歯ごたえがあり、食べごたえも充分。

「この魚、何ですか？」

「昨日、相馬（漁港）に揚がったサワラですよ」

「えっ！」

絶句した。サワラは鰆と書くようにまぎれもなく春の魚だ。が、冬に深場で獲れる大きいものはとくに〝寒サワラ〟と呼び、極上品として知られる。初めて食べたが、左上の天然マグロの厚切り赤身も顔負けの、本当に極上の味だった。

上段中央のヒラメは、「4kg余りありました」

まさに座布団級の大ヒラメ。これが、丁寧に薄切りにされてあって、歯の通りがよく、ねっとりして淡麗な甘味が舌に絡ん

【鮮魚食堂 うろこいち】

鮮魚食堂 うろこいち
[福島県いわき市小名浜字栄町 66-40 ／
☎ 0246・54・1233]

戦後すぐに仲卸業としてスタート。平成元年に食堂を始めたが、この風変わりな店名は屋号の「うろこいち」をそのまま使ったもの。東日本大震災の津波被害から力強く立ち上がり、常磐ものを中心にしたメニューが好評を博している。おすすめはほかに、ちらし丼 1350 円、サケとイクラの親子丼 1400 円、うにいくら丼 2700 円など
◉営業時間：9〜18 時
◉定休日：水曜日

でくる。

地物のタコとイカも柔らかくて絶妙。〝常磐もの〟7点盛り、まさに畏るべしである。

なお、食堂の奥では店で仕込んだ絶妙なイカの塩辛やゆでダコ、カンパチなどのカマ、さらにさまざまな魚の干物などを浜値で販売。真空パックされているので、持ち帰りに便利だ。

小名浜港MAP

【見どころ】

塩屋埼灯台

小名浜港から、海岸沿いを北へ約30分走ると断崖の上に白亜の灯台が。明治32年に開設。映画「喜びも悲しも幾年月」（木下恵介監督）の舞台で知られるが、現在は美空ひばり「みだれ髪」の聖地として有名。歌碑が岬の麓の駐車場の横にあり、前に立つと♪髪のみだれに手をやれば～の歌が流れる。寒風吹きすさぶ中でこれを聴きながら見上げる灯台の姿は、実に寂寥で感慨深い。

所在地＝いわき市平薄宿崎33

【周辺釣り場情報】

◉小名浜港

港内にはいくつかの堤防、桟橋があり。そこここでサオをだしている釣り人を見かける。取材時はサビキ仕掛けに20㎝前後のイワシがすずなりで釣れていた。「大きいのは刺身、小さいのは唐揚げが一番」と常連。ブクで生かし、これをエサにヒラメをねらうベテランもいて、「今年、80㎝の大ものを釣った」そうだ。

首都圏日帰り
地魚食堂
33

大津漁協直営
市場食堂

【常磐・大津港】

茨城県

あんこう竜田丼

ぶつ切りの
竜田揚げに
かぶりつき、
ご飯ともども
豪快にかき込む

あんこう竜田丼＝1050円

「地魚刺身盛」１４００円。品切れ注意なので早めに来店を

Ｆｌｙｉｎｇ　Ｆｉｓｈ（フライイング・フィッシュ）は飛ぶ魚、すなわちトビウオ。では、Ａｎｇｌｅｒ　Ｆｉｓｈ（アングラー・フィッシュ）とは？

アングラーとは釣り人。釣りをする魚といえば、アンコウである。頭についている細長い突起を巧妙に躍らせて小魚の興味を引き寄せたところで、でかい口でパクッと捕獲。考えようによっては、ルアー釣りの元祖ともいえる魚である。

アンコウは北茨城の冬の海では地引網漁でよく獲れ、どぶ汁は漁師の船上料理として、またアンコウ鍋は郷土料理として一般家庭で食べられてきた。そして最近は、鍋だけではなく独特の食感を生かした料理も開発されている。

その１つが、大津港・市場食堂の冬限定のお手軽メニュー「あんこう竜田丼」だ。

丼ご飯の上に、ぶつ切りのアンコウの竜田揚げがゴロゴロと盛り付けられている。揚げたての衣はきつね色で、香ばしく匂ってくる。中央にシシトウの鮮やかな緑色が、ポツンと一軒家のごとく配してあり、この彩が食欲を刺激する。

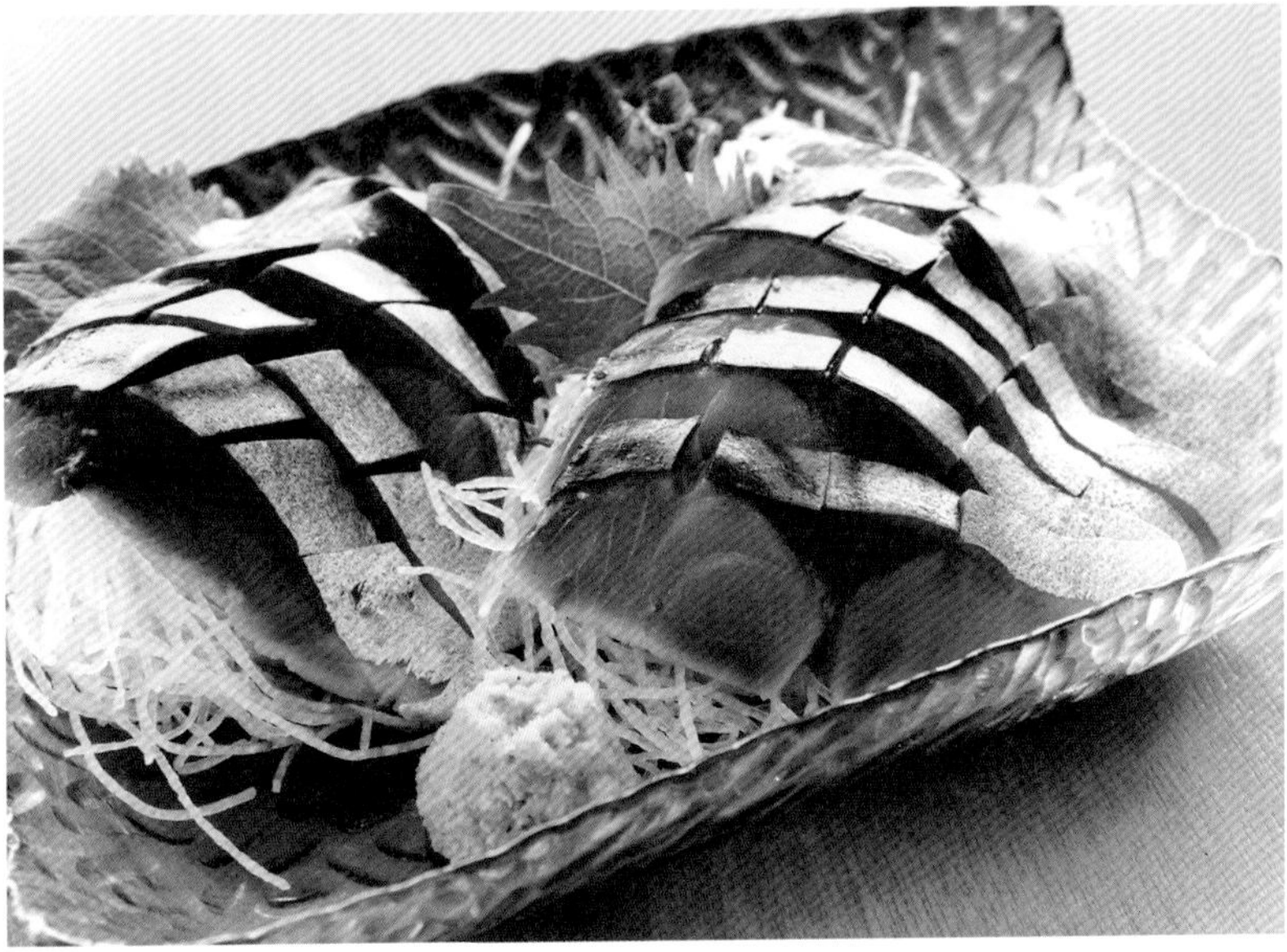

〆さばは時価だが、７００～８００円程度。寒サバは脂が乗っていてトロトロ

ゴロゴロの中の1つを箸でつまみ上げて、かぶりつく。カリカリの衣の次に、弾力はあるが歯がスーッと通るコラーゲンたっぷりの身。そして、ジューシーな旨味が口いっぱいに広がる。アンコウの身自体は淡白であっさりした白身だが、甘辛の下味がしっかり付けてあってご飯もすすむ。また、衣にゴマをまぶして香味を一層引き出し、最後まで飽きさせない。付け合わせのモズクの酢のもの、浅漬けの野菜も竜田揚げの油っこさを中和する絶妙の組み合わせだ。

魚の竜田揚げは、たとえばアジやサバなどは身に水分が少ないためか、下味などに工夫してもパサパサした食感になりやすいもの。そのため、あんかけにすることもあるが、アンコウはジューシー、そのうえ弾力があって心地よい食感も味わえる。

せっかく漁港でご飯を食べるなら、やっぱり新鮮な朝どれの刺身が食べたいという向きは、「地魚刺身盛」を。当日の魚はタイ、ホウボウ、スズキ、タチウオ、それに生シラスの地魚5点盛りだった。シラスは、本来ゴールデンウイークごろがピークで秋には終了するが、今年は冬に入ってもまだ獲れ続けているそうだ。

【大津漁協直営市場食堂】

大津漁協直営市場食堂
[茨城県北茨城市関南町仁井田 789-3 ／☎ 0293・30・2345]

大津港に隣接し、乗用車 100 台収容の大駐車場を備える。店内スタッフのほとんどは地元のおかみさんたちで、素朴ながらテキパキとした対応がうれしい。東日本大震災からも素早く立ち上がり、平日でも客足は絶えない。大津港のほか、隣の平潟漁港、その隣の勿来（なこそ）漁港に揚がる旬魚を中心に毎日のメニューを組む。ほかに、海鮮丼 1450 円、あなご天重 980 円など。季節限定として、どんこ旨煮 1300 円も。なお取材日には〆さば（時価）もいただいた。

店内は広い

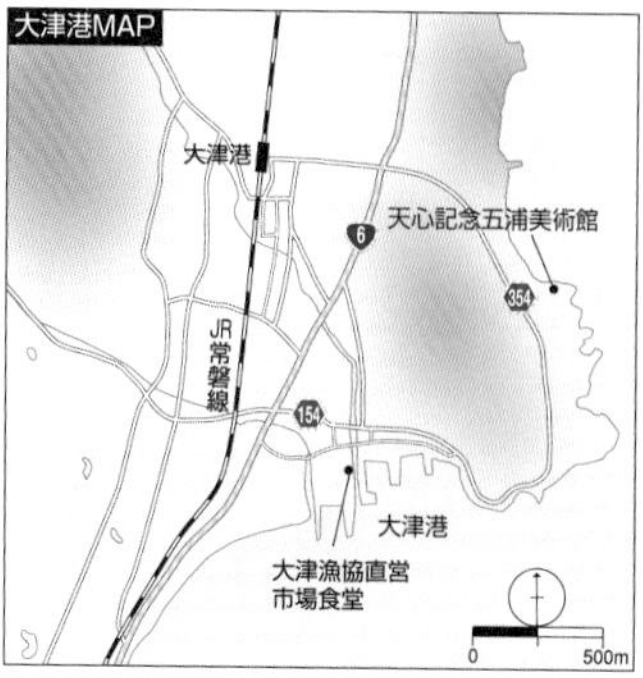

季節のメニューも豊富

【見どころ】

天心記念五浦美術館と六角堂

(茨城県北茨城市大津町椿 2083 ／
☎ 0293・46・5311)

西欧化の波に抗して、日本美術の復興と発展に大きな功績を残した岡倉天心（1868 ～ 1913）の業績を紹介する美術館。天心は晩年、この北茨城市の五浦の地に横山大観・下村観山・菱田春草らと移り住んで、近代日本画の創造にまい進。なお天心はこの地で海釣りを覚え、釣り姿の写真なども展示。また、各種イベントも開催。入館料は一般 190 円。

近くの磯際には大観らが画業に励んだ六角堂もある。震災で流出したが、2012 年 5 月に再建。ここからの海の眺めは絶景だ。また敷地内にある天心記念館には、平櫛田中の彫刻「五浦釣人」像（天心がモデル）と、天心が所有していた釣り船も復刻展示。

※同施設は、空調工事のため休館中、2021 年 4 月 23 日再開予定。

【周辺釣り場情報】

大津港

ほぼ港全体が釣り場になる。車も近くに停められ、ファミリーからベテランまで、いろいろな魚種を釣って楽しめる。ただし、船舶が係留されている場所や水揚げをしている漁協前の岸壁は釣りが禁止。冬はサビキでイワシ、投げ釣りでアイナメ、カレイが釣れている。夜はルアーでメバリングも面白い。タコやクロダイをねらう釣り人も多い。

塩カツオうどん

さかなや食堂

【西伊豆・田子港】

静岡県

飛鳥時代から続く
伝統の古代食。
塩っぱいがカツオの風味が
匂い立つ

塩カツオうどん＝650円

塩カツオ焼き身の単品 350 円は酒の肴に、ライス（小）150 円とお茶漬けも

西伊豆・田子漁港の海は驚くほど青い。岸壁からのぞくと、小メジナやスズメダイなどが遊泳し、時おり岩陰から熱帯魚のような魚影が見える。ちょうど漁師が通りかかったので、水深を聞くと、「そうだらぁ、5mほどだで～」と陽気な声が返ってきた。5mの海底が手に取るようにわかるほど透明度の高い澄んだ海なのだ。

この漁港はかつてカツオ漁でにぎわい、一帯には古代食ともいえる「塩カツオ」がいまに受け継がれている。漁港の目の前の「さかなや食堂」では、これを使った郷土食「潮カツオうどん」を提供し、好評を博している。2代目店主の山本隆義さん(55)が言う。

「塩カツオは飛鳥時代からの保存食で、潮カツオともいい、江戸時代には日本全国に広まっていました。最盛期には製造所が40軒以上ありましたが、現在はすたれて1軒だけ残っています。私の親父も、この食堂を始める前は塩カツオを造っていたんですよ」

どんな味なのか。

テーブルには、あぶり焼きの塩カツオの切り身とう

塩（潮）カツオは航海の安全などを願う縁起物でもある

親族一同でなごやかに切り盛りする

どん、そしてサービスで付く白ご飯。

「塩カツオは、うどんに入れても、ご飯に乗せて食べてもおいしいですよ。塩っ辛いので少量ずつ食べてくださいね」

まず、箸で塩カツオの身を小指の先ほどの大きさにつまみ取る。すると、カツオ節のにおいをギュッと凝縮したような強い風味がプーンと立ち上がる。口に入れて噛み砕くと、さらに強烈なカツオの芳香。そして、塩辛さがジワリ。といっても、カツオの旨味も一緒なので、辛味はやわらかい。

次に白ご飯を一口放り込む。すると、塩辛さが分散中和されて適度な味わいになり、噛むほどにカツオの旨味がにじみ出て、口中でご飯とまじり合い、これぞ、ニッポンの味！　ここで、熱々のうどんを汁ごとかき込めば、また新たなカツオの風味がにおい立つ。

切り身だけの味、次に白ごはんと混ざった味、これに汁うどんが投入されて味はさらに華やぐ――。こんなにおいしいと思える塩辛さは初めてだ。

【さかなや食堂】

さかなや食堂
[静岡県賀茂郡西伊豆町田子 1603-5 ／
☎ 0558・53・0169]

昭和 35 年に大衆食堂としてオープン。現在は２代目と奥さん、お姉さん、それに親父さんの親族一同でなごやかに切り盛り。親父さんは出前担当で、年季の入った木製岡持ちで配達。港の釣り人にも出前ＯＫ（ただし、塩カツオうどんは店内のみ）。カツ定食 1300 円、天丼 900 円、親子丼 650 円、カレーライス 650 円、チャーハン 650 円、チャーシューメン 750 円など大衆メニューが並ぶ。魚系は塩カツオのほか、マグロ丼 900 円、サカナ天丼 800 円など。
◉営業時間：10 時半〜 19 時　◉定休日：火曜日
※駐車は港内に可

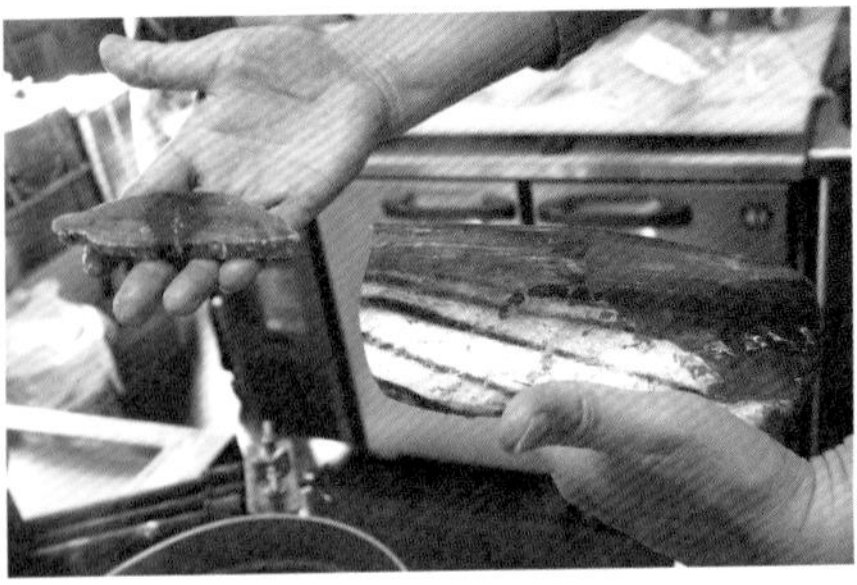

塩カツオの製法は塩ザケとほぼ同じだが、カツオのうま味成分であるイノシン酸の塊を味わっているようで、ほんの一口でも風味の濃さは天下一。

漁港の呑ん兵衛は、塩カツオを「肴にもよし、仕上げの茶漬けにもよし」と言う。

【お土産情報】

カネサ鰹節商店

(静岡県賀茂郡西伊豆町田子 600-1 ／ ☎ 0558・53・0016)
明治 15 年創業の残存する唯一の塩カツオ製造所。「塩カツオは保存食で、この地では“正月魚”とも呼ばれ、古来より縁起物として軒先に吊るして飾るなどの風習が残っています」(５代目の芹沢安久さん)。工場に隣接して売店があり、塩カツオ１本 4000 円前後 (冬季限定)。半身の真空パックは年中販売で 600 g 程度 2500 円、切り身 500 円など。伝統製法のカツオ節も各種あり。※工場見学可 (要予約)。

軒先に吊るされた塩カツオ１本

５代目の芹沢安久さん

【周辺釣り場情報】

田子港

田子といえば近年は渡船での磯釣りが熱い。伊豆半島では唯一夕暮れまでサオがだせる渡船区で料金も 4000 円と安い。メジナ、マダイ、クロダイの立派なサイズが釣れている。田子港も防波堤や岸壁から手軽にサオがだせ、アオリイカ釣りも熱い。公衆トイレも完備し、家族でフィッシングも好適である。

首都圏日帰り
地魚食堂
35

いか様丼

沖あがり食堂
【西伊豆・仁科漁港】
静岡県

イカグルメの聖地で、イカんとも表現しがたい妙味を堪能！盛り付けもお見事

いか様丼＝900円

地魚丼はイカ、〆サバ、フエフキダイの漬け、メジナだった（時価）

西伊豆・仁科漁港は小さな港だが、昔からイカの一本釣り漁の伝統があり、イカの水揚げ量は今も静岡県でトップクラス。「沖あがり食堂」は、伊豆漁協仁科支所が〝仁科イカ〟を前面に押し出して平成24年にオープン。いまや、イカグルメの聖地とも呼ばれる。

「近年は日本近海でイカの不漁が続いていますが、ここ仁科のイカも例外ではありません。それでも、地元の漁師の皆さんの頑張りで、毎日おいしい獲りたてを提供させていただいています」（店長）

看板メニューは、一年中獲れるスルメイカを酢飯の上に乗っけた3種類のイカ丼。生イカを短冊切りにしたオーソドックスな「イカス丼」、醤油漬けを短冊切りにして卵黄を添えた「夕陽丼」、そして生イカと漬けイカ＋卵黄の「イカ様丼」の3種類である。

どれにしようか迷うが、刺身と漬けの味比べができて、ネーミングも面白い「イカ様丼」に決定。

丼に盛られた酢飯の上には、真っ白く透き通った刺身と、醤油で茜色に染まった漬けとがゾーニングされ、真ん中には「西伊豆の夕陽」に見立てた卵黄が配してある。そして薬味のおろしショウガと刻ん

獲れたてのスルメイカ

だ大葉。

まずは刺身を2～3切れパクリッ。歯切れのよいコリコリ感が脳天に抜けて、淡白な甘味が顔をのぞかせる。次は漬けである。「毎朝、開店前に当日分だけ漬けています」というそれは、適度に熟成が進んでいて濃厚な甘味が後を引く。

この2つを、「地元の養鶏場産です」という卵黄を崩して混ぜ合わせ、酢飯とともに頬張る。

刺身と漬けのイカに卵黄が絡まって、ネットリ&トロトロ。噛むほどに甘さが増して奥深い味わいになる。これに酢飯が加わる。酢飯の酢は控えめ、飯はコツコツの短粒で歯切れがよく、混ぜ合わせてあるいりゴマと磯海苔の香味が口中で豊かに立ち上がる。さらに、細かく刻んだダイコンの漬け物が散らしてあり、この清涼な辛味が魔味となって、まさにイカんとも表現しがたい妙味を醸し出している。

西伊豆のひなびた漁港にあって、このような丁寧な仕事ぶりに出会えるとはうれしいかぎりだ。

なお、冬～早春のイカといえば上品な味わいのヤリイカだが、今シーズンは不漁続き。出かけた時、もし

【沖あがり食堂】

沖あがり食堂

［静岡県賀茂郡西伊豆町仁科 980-6 ／☎ 0558・52・0018］

平成 24 年 7 月、伊豆漁協仁科支部の直営店として開業。仁科漁港に水揚げされるイカ類をメインに地元の魚介類をリーズナブルに味わえる。人気の 3 種類のイカ丼（各 900 円）のほか、活きイカ定食（時価）、ヤリイカ丼（時価）、サザエ丼 950 円、いかカレー 900 円（いずれも味噌汁、漬物付き）などがある。なお、同じ建物には地キンメの干物 1000 円や活きサザエなど魚介のお土産を販売する漁協の直売店がある。
◉営業時間：11 〜 15 時 ◉定休日：火曜日

ヤリイカがメニューに出ていたらぜひ味わっていただきたい。

【旬の情報】

絶景！　沢田公園露天風呂

（静岡県賀茂郡西伊豆町仁科 2817-1
☎ 0558・52・0220）

　仁科港からすぐの荒海を見下ろす絶壁にある。浴槽は男湯、女湯ともに４～５人程度で満杯。遊覧船や漁船がすぐ下を行き来し、海鳥も風に舞う。夕方には、駿河湾に沈む夕日の絶景を見ながらお湯につかるゼイタクが体験できる。泉質はナトリウム・カルシウム硫酸塩泉。営業時間＝９～19 時（６～８月は 20 時、10 ～２月は 18 時まで）。定休日＝火曜日（天候により臨時休業あり）。入場料＝大人 600 円、子ども 200 円。駐車場あり

【周辺釣り場情報】

仁科漁港

港の両側に南堤防と北堤防があり、春から秋にかけてエギングでアオリイカがねらえる。釣り人が少なく、２㎏クラスが釣れるそうだ。ウキフカセではメジナやクロダイ、湾内ではサビキでアジ釣りが面白い。夏にはチョイ投げでシロギスも。なお、夜釣りは禁止。渡船の磯釣りも人気で、冬は 40㎝オーバーのメジナが数多くあがる年も。渡船は龍海丸
（☎ 0558・52・0814）

首都圏日帰り
地魚食堂
36

穴子丼

江戸前アナゴのツインタワーが、丼からそそり立つ

天丼の岩松

【横須賀・大滝町】

神奈川県

穴子丼＝1200円

店主の石山裕子さんと娘さんの齋藤鈴子さんが元気よく、手際よく切り盛り

「はい、どうぞ」

カウンターに供された丼を見て目が点になった。なんと、20㎝を優に超えるアナゴの2本柱がド〜ンとそそり立っているのだ。それは、まるで東京スカイツリーがツインタワーになったような驚きの光景である。

横須賀市役所の目と鼻の先に暖簾を掲げて22年。店主の石山裕子さんは言う。

「アナゴ1尾を丸ごとさばいて、2つの身を天ぷらにして丼に盛りつける時、普通は横に寝かせますが、これだと丼からはみ出してタレがこぼれ落ちますよね。それがもったいなくて立てることにしたんですよ」

開店からつぎ足している自慢のタレを無駄にしたくないとの思いだ。

このツインタワーは手を使わずに箸だけで巧妙に立ち上げ、周囲を旬の三浦野菜などの天ぷらですき間なく取り囲んである。

2本柱の1本を箸でつまみ上げてかぶりつく。衣がパリンッと鳴ったような心地よい感触。そして、サクッと歯が通り、芳ばしい香りがフワッと口中か

アナゴをさばくのは娘の齋藤鈴子さんの役割

ら鼻に抜け出てくる。まったくベタつき感がなくフカフカで、噛み進むと深い味わいの底から遠慮がちにさわやかな甘味が顔を出す。

アッという間に1本を平らげ、冷たいレモン水で口中をリフレッシュして、続けざまに2本目に取りかかる。これも、パリパリ、サクサクで、あっという間に胃袋へ。

「アナゴは、江戸前アナゴとして東京のお寿司屋さんなどで高級ネタ扱いされている小柴沖で獲ったものを、なじみの漁師さんから生きたまま仕入れています」(石山さん)

これをさばくのは、娘さんの齋藤鈴子さん。まな板の上のアナゴにトンッと目打ちをし、包丁を走らせてアッという間に2枚におろし、さらに中骨をすき取るようにそぎ取って出来上がり。流れるような、鮮やかな手際である。

ほかに、カラッと揚がったタマネギとアサリのかき

【天丼の岩松】

天丼の岩松

［神奈川県横須賀市大滝町 2-14 ／☎ 0468・25・0128］

店主と娘さんと、開店当初から働くパートさんの女性３人で切り盛り。安く、美味しく、腹いっぱいがモットー。アナゴは当初野島産だったが、現在は小柴産。天丼ならエビも食べたいという向きはアナゴ１本・エビ・イカ・野菜の海鮮丼 950 円を。ほかに、アナゴ１本・エビ・イカの天丼 700 円、エビ２尾・イカ・野菜・かき揚げの岩松丼 850 円など。なお、味噌汁は別売で 50 円。

◉営業時間：11 時半〜売り切れ次第終了

◉定休日：不定休

揚げ、ほっこり甘いカボチャ、ナス、ピーマン……。漬け物は自家製。

「たくさん食べてもらえるように、天ぷらの衣は薄く、タレは甘味を抑えてあっさり味にしています」（同）

奇抜でおいしくて、しかもネタもご飯もボリューム満点！　お腹を空かせて食べに行こう。

アナゴにトンと目打ちをし、鮮やかな手打ちでさばく

【見どころ】

横須賀どぶ板通り商店街

海軍の街・横須賀のディープな通り。看板は英語が多く、外人の女の子や水兵、軍人などがたむろしていてアメリカンな雰囲気が濃厚。通りの左右にはミリタリーショップやスカジャンの専門店、名物の海軍カレー、ネイビーバーガー店などが。散歩気分でブラブラ歩いて回るだけでも楽しい。

【周辺釣り場情報】

新安浦港

近くの新安浦港には船宿が数件あり、タチウオ、アジなどが絶好調。また隣接する海辺つり公園は、昨年（2019）の台風被害で取材時は休業中。ちょっと離れているが、「磯子海づり施設」（写真）は営業中。メジナ、アジ、ウミタナゴ、20㎝クラスのシロギスなどが釣れている。営業時間＝8～18時（7、8月は19時、11～2月は17時まで）。料金＝大人500円、子ども300円。横浜市磯子区新磯子39／☎045・761・1931

※海辺つり公園はその後再開。午前5時から午後10時まで無料で釣りを楽しめる。駐車場は有料。横須賀市平成町3-1／☎046・822・4022

静岡うなぎ漁業協同組合吉田売店

【大井川・吉田町】

静岡県

一尾弁当

丸ごと1本、胃袋に放り込むシアワセ！
稚魚から育てた純国産

一尾弁当＝2000円

「鰻足（まんぞく）弁当」は1500円とリーズナブル

ウナギと聞いただけで、心がウナギのように〝にょろにょろ〟と踊りだすのはどういうわけか。

蒲焼に目のない同行のカメラ女史に至っては、「きょうの取材はウナギですよね」「ウナギですよね」と東京から静岡までの道中、助手席から2度も3度も念を押してくるのであった。

ウナギは尻尾が旨い！　こう言ったのは食通で知られた作家の阿川弘之だ。尻尾好きが高じて、ある評判店で同行の妙齢女性がそれを残したと早合点して、我慢できずにパクリと食べて知らん顔。ところが後日、その女性の娘さんから電話が来て、あれはうちの母が「ゆっくり食べようと楽しみに残して置いた尻つぽの蒲焼」（阿川弘之『食味風々録』）だったと告げられて……。

こんな話に花を咲かせているうち、クルマは大井川を渡って高速から降り、「うなぎ」ののぼり旗のはためく店の前に到着。「静岡うなぎ漁業協同組合吉田売店」である。店名が長ったらしいのは、きっとウナギ屋だからだ。〝売店〟とあるように、漁協で育て、加工したウナギを弁当や総菜にして提供する小売店

白焼き段階で身をしっかり焼き、こだわりのタレで再度焼き上げた

である。

「弁当は平日で40食、土日は名古屋や関東方面からのお客さんも加わって、そのほぼ倍の売れゆきです。毎年の土用の丑の日前後は、朝から閉店までてんてこ舞いなんですよ」と売店のスタッフ。

吉田町でウナギの養殖が始まったのは大正時代。大井川の伏流水育ちのウナギは評判で、名古屋や東京からわざわざ買いに来る客も多いという。

ウナギ弁当は各種あるが、「やっぱりここまで来たら、1本がデーンと乗ったのを食べたい」というカメラ女史のご要望に従って「一尾弁当」を注文。

「これから、焼きますのでしばらくお待ちください」で、10分ほどお腹が鳴るのをこらえつつ待っている

【静岡うなぎ漁業協同組合吉田売店】

静岡うなぎ漁業協同組合吉田売店
［静岡県榛原郡吉田町片岡 186－20 ／
☎ 0548・32・1026］

稚魚から育てた１尾約２００ｇのウナギを漁協の加工場で関東風に焼き上げる。白焼きの段階で身をしっかり焼き、蒸し時間を長くとってふっくら仕上げ、こだわりのタレで再度焼き上げてある。ほかに、２枚に切ってご飯にのせた鰻腹（まんぷく）弁当２０００円も。また、店内では長焼き、串焼き、白焼きなども販売。予算に応じてお土産も受け付ける。
◉営業時間：９～17 時（10 ～３月は 16 時まで）
◉定休日：木曜日（6/16 ～ 8/15 無休）

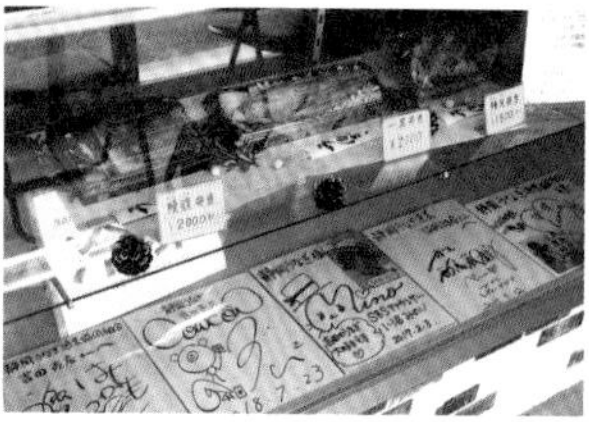

と、冒頭の写真のように、まさにウナギの寝床のような細長い容器に入った弁当が出来上がってきた。
壮観である！
これを丸ごと胃袋に放り込む。何というシアワセか、ゼイタクか！
脂の乗った褐色に光るテカテカの焼き身に、サンショウを振りかけて頭方向からガブリ。濃いめで甘めのタレがご飯とまじり合って夢心地。最後はもちろん、巨匠文士にならって尻尾をパクリ。尻尾は意外に淡白な味わいであった。

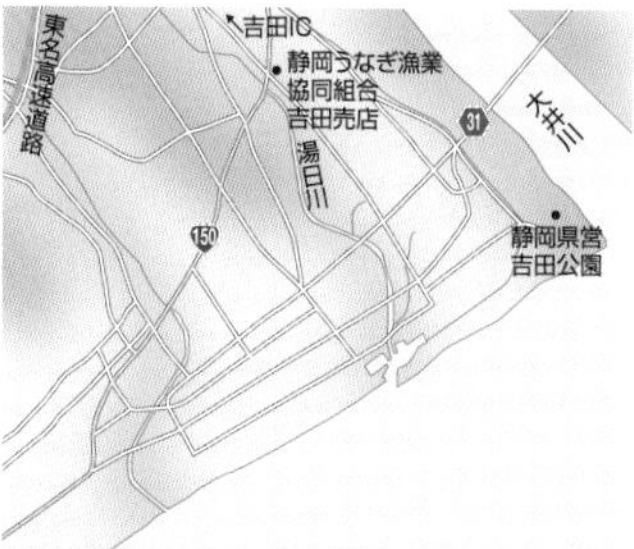

【休憩どころ】

吉田公園

大井川河口には、緑と花と水辺の県営「吉田公園」がある。14. 3 ha の広大な緑がいっぱいの敷地に四季の花が咲き、旅や釣りの疲れが癒される。今回のウナギ弁当は、ハスの花咲くこの公園のベンチに座って食べた。園内には公園カフェ「えんがわ」もあり、かき氷などのほか食事メニューも。

【周辺釣り場情報】

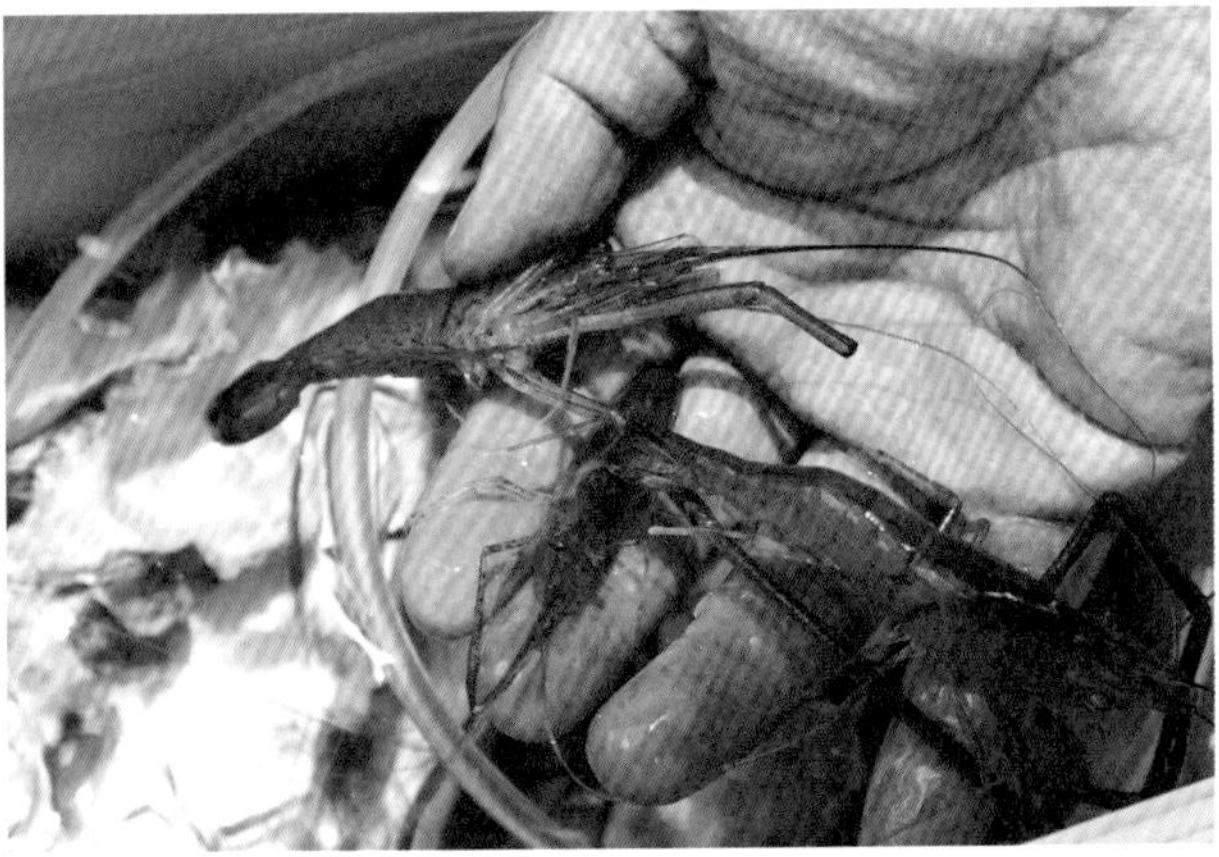

「湯日川」のテナガエビ釣り

吉田町内の真ん中を流れる「湯日川」では、吉田漁港の河口近くのテトラ帯でテナガエビが釣れる。午前中で20～30尾ほど。午後～夕方には、このテナガエビをブクで生かしてエサにし、クロダイを釣る“わらしべ釣者”もいて、「クロダイは 40㎝クラスがでます」とのことだ。吉田海岸では投げ釣りも。

首都圏日帰り
地魚食堂
38

大井川港漁協
直営食堂 さくら

【焼津・大井川港】

静岡県

桜エビかき揚げ丼

揚げたての
強烈な香ばしさ！
食べ終わった後々まで、
濃厚な風味が残る

桜エビかき揚げ丼＝ 1000円

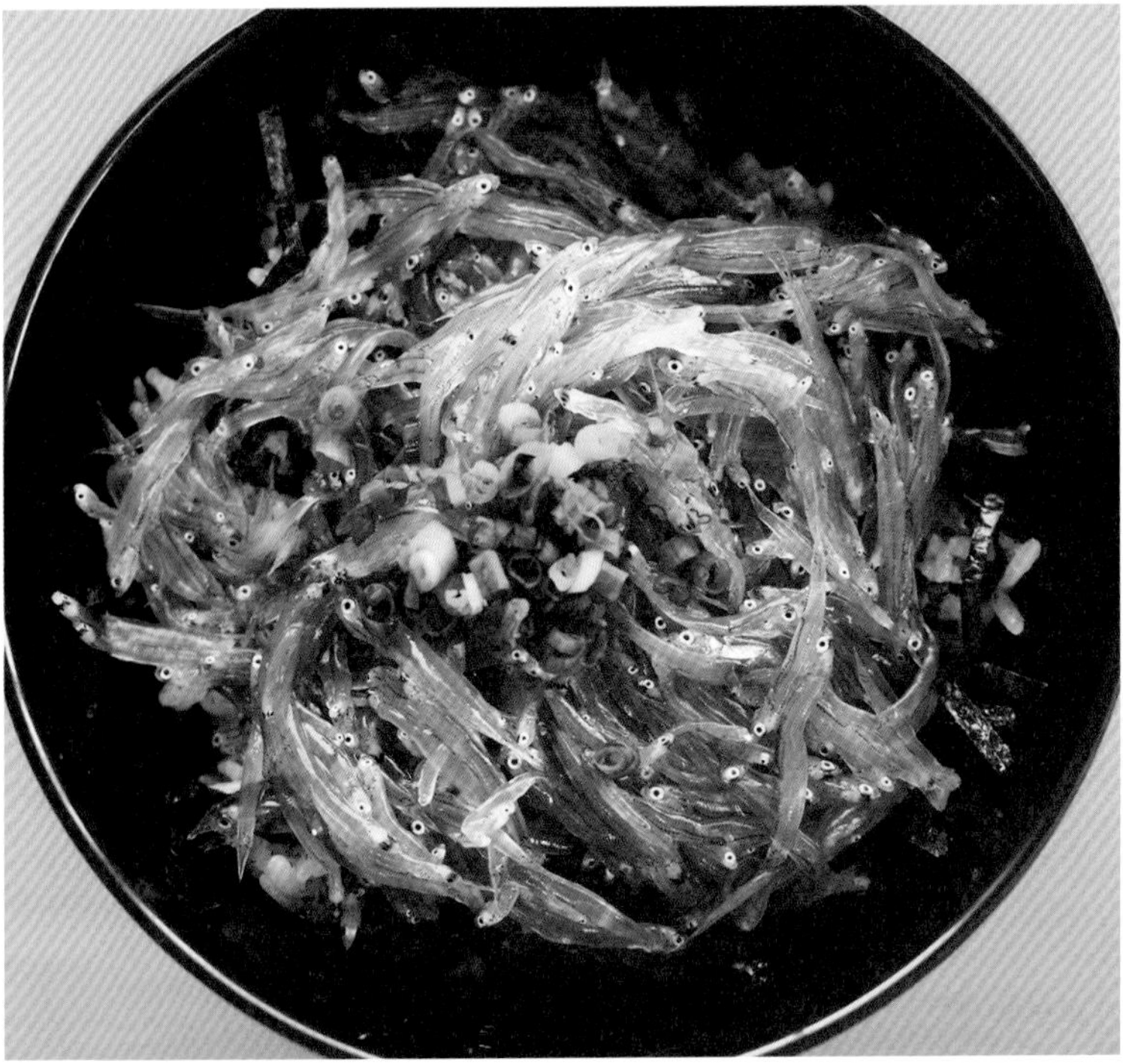

新鮮獲れたての「生シラス丼」（１０００円）。生シラスは出漁時のみ（日曜日の漁は休み）。

大井川が流れ込む駿河湾の大井川港沖合は、サクラエビやシラスの宝庫である。

「オープンして3年目ですが、その前は市場の屋根の下に長テーブルを並べて営業していたんですよ」

と店長の尾崎奈々さん。かつては、吹きっさらしの港の〝青空食堂〟だったのだ。

尾崎さんは漁協の職員であり、スタッフは全員漁師のおかみさんたち。明るくて和気あいあいで、壁には大漁旗が掛けられ、港の活況が店内にあふれんばかりだ。

漁協直営の食堂といえば、たいていは新鮮多彩な魚料理が自慢だが、ここには刺身も焼き魚も煮魚もない。メニューは港に水揚げされた「サクラエビとシラス」の2種類だけ。それでも、平日なのに閉店間際まで行列が続く人気ぶりだ。地元客だけではなく、駐車場には横浜、東京、名古屋ナンバーなども目立つ。

店長の尾崎奈々さん。漁協の職員であり、スタッフは全員漁師のおかみさん

さて、駿河湾といえば由比港のサクラエビが有名だが、ここ大井川港も有力な水揚げ港であることはあまり知られていない。現在禁漁期間だが、強力・急速冷凍で一年中獲れたてと変わらない味わいと評判。

そこで「桜エビかき揚げ丼」を注文。

揚げたての強烈な香ばしさが鼻孔を刺激し、熱暑で疲れ気味の胃袋がシャキッと目を覚ます。そして、薄い衣のヴェールをかぶった淡いピンクの身が妖しく食欲を誘う。

その熱々にかぶりつく。サクッと、軽やかに歯が通って、一呼吸おいてフワッと甘～い蠱惑《こわく》の風味が口中にあふれる。この瞬間、全身にシアワセ感がわき上がる。

たっぷりのサクラエビはサクサク・フカフカで、いつまでも香ばしくて甘い。タレも薄味なので、食べ飽きることもなく一気に丼一杯をたいらげた。

かき揚げというと、タマネギなどの野菜

【大井川港漁協直営食堂 さくら】

も一緒にというケースが多いが、この店ではそんな小細工はなく、彩りにアサツキの輪切りが混ぜてあるだけ。衣も極力薄くて、サクラエビのみでドカンと一本勝負なのだ！

もちろんそのためには、揚げ加減やタレの濃さ、またコメの吟味、炊き方などに神経を届かせているのであろう。

食べ終えて、帰りの車の中でもまだサクラエビの濃厚な風味が全身をめぐっているのであった。

大井川港漁協直営食堂 さくら
［静岡県焼津市飯淵 1960 ／
☎ 054・622・0415］

由比港とともに、駿河湾特産のサクラエビの水揚げで知られる大井川港。その漁協直営店として 2018 年 5 月にオープン。港の風景や潮風が感じられるロケーションだ。最新の冷凍設備により、年間を通じてサクラエビを食べられると人気。またシラス漁も盛況で、生シラスやかき揚げ、釜揚げなどで食べられる。食券購入から配膳、食べ終えて食器を下げるまで完全セルフ方式で、料金は 1000 円以下に抑えられている。生桜えび丼 1000 円、釜揚げシラスとサクラエビの二色釜揚げ丼 850 円、生しらす丼と釜揚げしらす丼は各 700 円など。
◉営業日：4 〜 12 月の毎週木〜日曜日　◉営業時間：10 時半〜 14 時

大量旗に囲まれて食事

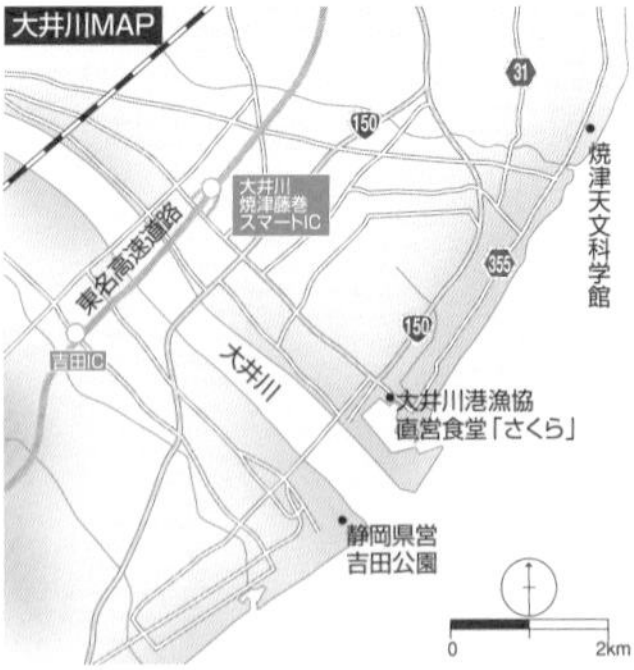

【立ち寄りどころ】

焼津天文科学館
[焼津市田尻 2968-1 ／☎ 054・625・0800]

1997 年夏にオープンした「宇宙・海・自然」をテーマにした子どもも大人も楽しめる科学エンターテインメント館で、名誉館長は『宇宙戦艦ヤマト』の松本零士。静岡県ナンバー１の大型天体望遠鏡、ダイナミックな画面と大宇宙の星たちのショー“プラネタリウム”など見どころ盛りだくさん。開館＝９～17 時（土日祝 10 ～ 19 時）。休館日＝月曜日（祝日の場合翌火曜日）。観覧料＝入館は無料だが、プラネタリウム 600 円（子ども 200 円）などイベントは有料。

【周辺釣り場情報】

田尻浜

焼津天文科学館の裏は田尻浜という長大な砂浜になっており、夏から晩秋まで投げ釣りでシロギスが楽しめる。また、沖合目の前にはテトラ帯があり、その周辺はクロダイが生息しているので、ウキフカセ、あるいは投げ釣りで渚のクロダイ釣りが楽しい。ヒラメやマゴチの魚影も濃く、ワームなどでねらうとよいだろう。砂浜からは富士山の絶景が眺められる。

地魚食べ歩き巻末対談

フリーライターの世良康さんとカメラマン芳澤ルミ子さんのコンビで、「月刊つり人」誌上に2017年3月号～20年10月号まで好評連載された『地魚食堂』。単行本化にあたって、ほぼ3年半にわたる取材のこぼれ話を、悲喜こもごものエピソードとともに振り返っていただいた。

◇地魚食堂の主役は雑魚である

世良　何か、アッという間の3年半っていう感じですね。

芳澤　私的には、もっと続けたかったです。私は湘南の茅ヶ崎生まれで、子供の頃から魚大好きで、魚のおいしさは知ってるつもりだったけど、まだまだ日本にはおいしい魚がいっぱいあるんだとうれしかったですね。

世良　僕は広島県の福山市というところで、瀬戸内海の小魚を食べて育った。小ダイやヤズ（ボラ）、イカ、シャコ、ギザミ（キュウセン）など、いわば雑魚が多かったですね。

芳澤　今回40軒ほど食べ巡ったけど、どの店もハズレがなくて、行くたびに感激して、取材日がくるのが待ち遠しかったなあ。

　中でも、驚いたのはエボダイの刺身。「松輪のとろサバ」（P42）のところですけど、まず大衆魚のサバがこんなにおいしいのかと感動し、その感動が終わらないうちに出てきたのが、それを上回るほどのエボダイの刺身。

世良　料理長におススメのメニューを聞いたら、このエボダイが出てきた。エボダイは、干物で食べる魚というイメージがあって、「えーっ、これがおススメ？」って。

芳澤　でもお口に入れたら、刺身でもおいしくて、異次元の味だった。地魚の底力というか、実力というのをその時はっきり知らされました。

世良　実は、その皿にはマグロが添えてあった。主役がエボダイで、マグロが添え物扱い。主客転倒、下克上。

芳澤　そうそう。料理長が、マグロやタイだけが魚じゃないよ、地元にはこんなに安くておいしい魚がいろいろあるんだよと、この一皿で教えてくれたんだと思った。

世良　それこそが漁港の食堂の魅力。ほかにも、ホウボウやメジナ、クマエビなんていう、あまり市場に出回らない魚介と出合って、それらを味わえるのが地魚食堂の醍醐味ですね。

◇魚じゃないけど驚いた味

芳澤　ハバノリとか、ワカメのシャブシャブも都会じゃ体験できない味。

世良　どちらも、写真的に見栄えがイマイチなので、撮影に苦労したんじゃない？

芳澤　ハバノリの場合は、味というより香りがスゴイ。「よ～し、この香りを撮ってやろう」と思ってもね、香りって写らないじゃないですか。それで、「香りよ、写れ！」って、念力をかけてシャッターを押しました（笑）。

世良　ああ、それでなのか、この写真を目にすると（P12）、今でもハバノリの潮の香りがぷんぷん鼻先を突っついてくるなぁ。

芳澤　おほめいただいて、光栄です（笑）。

世良　ワカメのシャブシャブも、撮影に苦戦したでしょう。

芳澤　これは、色。生のワカメの茶褐色が、土鍋のお湯をくぐると、一瞬で、ものすごく鮮やかな黄緑色に変わるんです。その瞬間を撮りたいと。

世良　ワカメが若芽色に変わる瞬間――。それを撮ろうとすると、湯気が邪魔をしてね。

芳澤　そうなんですよ、湯気の白ばっかりになって、肝心の黄緑色がボヤけちゃうんです。じゃあ、湯気が消えるまで待つと、ワカメの黄緑が黒っぽくなって濡れ雑巾みたく見える。

世良　色が変わる瞬間の、時間を写すというのは動画じゃないので難しい。でも、湯気がゆらりと立ち昇っていることで、動きが加わり、写真的に何とかなったと思う。考えてみれば、ハバノリは香りを食べる、ワカメは色を食べる。何だか、禅問答のような話だよね。

◇〝二毛作〟でお腹をこわす

芳澤　この連載の、企画のきっかけや意図はどんなところにあったんですか?

世良　地魚は、釣りの行き帰りなどで前から食べ歩いていて、近年とくに魚が獲れなくなって仕入れができないので店を閉めるという話をよく聞いて、地魚はいま食べないと将来は食べれなくなるんじゃないかと。同時に、地魚を提供する店を応援したい、沿岸で獲れる魚のおいしさを、1人でも多くの日本人に知ってもらいたいということですね。

芳澤　うわぁ、立派な志なんですね。私は料理写真を撮るのは初めてでしたから、新しい分野に挑戦する気持ちで引き受けました。でも、食べすぎてお腹をこわしたこともあった。

世良　1日1軒の取材なら楽しいけど、1日2軒ということも何度かあったからね。朝と午後の2回取材する〝二毛作〟。

芳澤　朝に天丼と地魚定食、午後はランチの混雑が過ぎた2時ごろに地魚丼と地魚刺身丼なんてね。

それだけなら何とかなるけど、二毛作の時に限って、店の人が「今朝、珍しい魚が入ったから食べてよ」とか「新しいメニューなんだけど」と、ご厚意でどんどんサービスしてくれるんですよ。

世良　もうお腹は一杯なのに、厚意でいただいたものを残すわけにはいかない。それで、無理やり詰め込むというか、おいしいので食べてしまう。

芳澤　すると、食べた後でお腹が大変なことになって、帰りの車の中でずっと横になっていて、家に帰って2週間ほど寝込んだこともありました。

世良　芳澤さんの食いっぷりがいいから、店の人もすすめがいがある。

芳澤　いいえ、世良さんが食べてくれないので、私にお鉢が回ってきただけですよ。

世良　僕がお腹いっぱい食べると味がわからなくなって、記事にならないからなあ。

芳澤　あ、意地悪ぅ〜（爆笑）。

◇撮る者と書く者との相克

世良　そういえば、取材中に二人の間でちょっと険悪な雰囲気になったことがあった。

芳澤　あった、あった。私が写真を撮ってたら、世良さんが「もう、それくらいでいいよ」って急かすんですもの。私、「もうちょっとで、撮り終わるので、少し待ってよ」って言ったのね。

世良　こっちとしては、料理の出来たてを味わって、それを文章として表現する使命がある。冷めちゃったら、機を逸するでしょう。だから、だんだん焦ってイライラしてくるわけよ。

芳澤　私だって、いい写真を撮るために、自分が納得できるまで撮影する。

世良　つまり、お互いの仕事熱心さが、衝突の原因だったということ。

芳澤　刺身でも時間が経てば、それだけ風味が落ちる。でも、私が写真を撮り終わってからじゃないと食べられないから、世良さんはイライラ。いつもは優しいのに、そういう時、イライラ感丸出しなんですもの。

芳澤　キャー、カッコよすぎます（爆笑）。

世良　そういうカメラとペンの知られざる相克の中で、出来上がった本というわけだ。

◇胃袋目線で撮影！

世良　撮影に当たって、芳澤さんはどういうことに気を付けていましたか？

芳澤　世良さんからの注文が、「美しい写真じゃなく、かぶりつきたくなるような料理写真を」ということだったから。料理を食べる目線というか、胃袋目線で撮る。そのためには、ヘンな小細工はせず、その場の雰囲気ごと、極力自然光で撮ろうと。

世良　ライティングをきっちりやって、旅館のパンフレットのような写真になるのは避けたかったですからね。その胃袋目線というのは大正解だったですね。

芳澤　世良さんは、記事を書く上で何か意識していたことはあるんですか？

世良　とくに意識したのは「おいしい」「まずい」はできるだけ使わないようにしようと。

芳澤　えっ、どうしてですか？

世良　「おいしい」「まずい」と言ったらそれで終わりになってしまう。たとえば、マグロとタイのおいしさは違う。どっちもおいしいけど、そのおいしさに違いがあるわけで、それを伝えたい。そこに五感を集中しました。あーだ、こーだと言葉をひねり出すとだいたい失敗しますね。

芳澤　考えるよりも、感覚を大事にということですね。

◇港の女性とアジフライ

世良　最後に、今回の取材で感じたことは？

芳澤　地魚食堂というので、強面《こわもて》のおじさんの店が多いのかと思ってたけど、みんなやさしくて。漁協直営の店などは、地元の漁師の奥さんたちが元気はつらつで、店長もスタッフもほぼ全員女性という所が多かった。男女同権どころか〝かかあ天下〟なんですね。

世良　それはね、漁師は昼間は海へ出ているか、酒を飲んでいるか、寝ているかですから。陸のことは女性にお任せなんでしょう。

芳澤　女性たちは楽しそうで、生き生き働いていて、「私も仲間に入れて」って思うほどうらやましかった。あと、いろんな所でアジフライを食べましたが、どの店もハズレがなかったですね。衣はパリッ、中身はフワッとして甘く、これに濃いソースがまたピッタリ。エボダイもそうでしたが、アジのおいしさもこの取材で思い知りました。

世良　都内の店で食べると、タルタルソースなんかが添えてあったりするからね、アジフライなのに。

芳澤　あるある。カキフライじゃないんだから、やっぱり真っ黒なソースを豪快にかけて味わいたい（笑）。

世良　話は尽きないですが、スペースが尽きたので、このあたりで――。

芳澤　最後にひと言、言わせてよ。「地魚、バンザ〜イ！」

プロフィール

世良　康（せら・やすし）

釣り歴35年のフリーライター。好きな釣りはアユ、好物の魚介はアジ、ハゼ、シロギス、カサゴ、メジナ、イサキ、イカ、アユ……魚はほぼ全部好物。著書に『アユファイター10年戦記』『釣人かく語りき』『釣りの名著50冊』（いずれも、つり人社刊）などがある。

芳澤ルミ子（よしざわ・るみこ）

お酒に目がない、自他共に認める酩酊カメラマン。猫が大好きで、写真集『にゃんたま』はいまなお増刷中。ほかに『開運酒場』『東京もっこり散歩』（以上、自由国民社）『ネコの裏側』（辰巳出版）などの著書がある。

釣《つ》り専門誌《せんもんし》も太鼓判《たいこばん》の極上《ごくじょう》グルメ旅《たび》
首都圏日帰《しゅとけんひがえ》り地魚食堂《じざかなしょくどう》38選《せん》

2021年2月1日発行

著　者　世良　康
写　真　芳澤ルミ子
発行者　山根和明
発行所　株式会社つり人社

〒101-8408　東京都千代田区神田神保町1-30-13
TEL 03-3294-0781（営業部）
TEL 03-3294-0766（編集部）
印刷・製本　図書印刷株式会社

乱丁、落丁などありましたらお取り替えいたします。

ISBN978-4-86447-365-1 C0026
つり人社ホームページ　https://www.tsuribito.co.jp/
つり人オンライン https://web.tsuribito.co.jp/
釣り人道具店　http://tsuribito-dougu.com/
つり人チャンネル（You Tube）
https://www.youtube.com/channel/UCOsyeHNb_Y2VOHqEiV-6dGQ